성경적 전인교육

힐링! 예수 그리스도의 선물 I

성경적 전인교육

초판 1쇄 인쇄   2014년 11월 21일
초판 1쇄 발행   2014년 11월 28일

지은이   문요셉, 김에스더 공저
펴낸이   문양식
펴낸곳   홀리크로스찬양드림

출판등록   2014. 10. 2(제444-2014-000001호)
주소   충청북도 영동군 매곡면 강진리 해평동 2길 12
           두란노제자훈련원
전화번호   043-745-0191 / 010-6429-3575
Email   mxak1475@hanmail.net

ISBN   979-11-954021-1-3 04230
          979-11-954021-0-6 04230(set)

이 도서의 국립중앙도서관 출판예정도서목록(CIP)은 서지정보유통지원시스템 홈페이지(http://seoji.nl.go.kr)와
국가자료공동목록시스템(http://www.nl.go.kr/kolisnet)에서 이용하실 수 있습니다.
(CIP제어번호:2014033612)

힐링! 예수 그리스도의 선물 I

성 / 경 / 적 / 전 / 인 / 교 / 육

문요셉, 김에스더 공저

"심령이 가난한 자는 복이 있나니
천국이 저희 것임이요"

[마 5:3]

홀리 크로스
찬양드림

Healing

예수 그리스도의 선물

선물은
그 사람의 길을 너그럽게 하며

또
존귀한 자의 앞으로

그를
인도하느니라

[잠 18:16]

Healing

성령과 말씀

홀·리·크·로·스·찬·양·드·림

제일은

사랑이라

[고전 13:13]

하늘의 선물
내려와

예수 그리스도의 십자가 대속의 은혜로
하나님 자녀로 부르심을 받은 우리

성령으로 거듭난 새 생명
하나님의 영으로 경배하는 그리스도의 몸 된 교회

예수님께서 일하셨던 사역을 따라
하나님 나라 선포 · 치유 · 가르치심…으로 가는 길!

"오직 성경으로!"

성경적 전인교육 · 제자훈련 · 힐링을 향해
믿음의 사랑으로 소망을 찾아 성령을 따라갑니다.

성령과 말씀으로 정결하게 씻긴
고귀한 사명을 가슴에 안고
하나님 나라 확장에 충성하는 일꾼 되리라.

하나님께서 가장 크게 기뻐 받으시는 제자의 삶으로
우리 모두 아름답게 드려지는 선물이기를…!

주님 계신 평화의 나라를 향해 오늘도 한 걸음씩
주님 다시 오실 때까지 그 거룩한 길을 달려가기 원합니다!

홀 · 리 · 크 · 로 · 스 · 찬 · 양 · 드 · 림

들어가면서…

하늘의 선물!
놀라운 축복의 선물이 이 땅에 내려왔습니다.
그 소중한 선물의 향기가 온 세상에 가득합니다.

고귀한 선물의 이름은 "예수 그리스도"이며,
선물 안에 담겨있는 기쁜 소식은 오직 십자가 사랑입니다.
그 사랑 안에 들어있는 힐링의 축복은
모든 것을 이루도록 우리 안에 살아있는 성경적 회복입니다.

만일 그 선물을 찾았다면…
성령 안에서 기쁨과 감사의 눈물로 회개하며
매 순간 하나님께 영광의 찬송을 올려드릴 것입니다.

또한 하늘의 선물을 받은 놀라운 은혜로 세상을 향해
십자가를 전하고픈 소망을 안고 온 맘과 정성 다해
하나님 나라 확장에 쓰임 받는 일꾼으로 충성할 것입니다.

그런데 안타깝게도 아직 그 선물을 찾지 못했다면…
세상의 어두움에 시달려 상하고 찢긴 아픔의 고통으로
십자가 앞에 몸부림치며 빛을 찾아 부르짖는 가운데
하나님의 도우심을 기다리는 절박한 심령일 것입니다.
예수님께서 빛과 진리의 생명으로 이 메마른 땅에 오심은
갈급한 심령을 찾아 십자가 사랑으로 목마름을 채우시고,
새 생명의 사람들로 주의 진리 위해 십자가 군기를 높이며,
복음으로 일어나는 제자로 삼으시려는 뜻입니다.

"힐링! 예수 그리스도의 선물" 속에는
세상이 알 수 없고, 줄 수 없고, 깨달을 수도 없는
영원한 축복의 길이 열려 있습니다.

첫 번째 선물로 만나는 길은 성경적 전인교육입니다.
온 세상에 있는 그리스도 가정의 모든 자녀와 부모가,
그리고 모든 교회의 교회학교 학생과 교사가,
하나님 나라를 찾아 말씀으로 하나 되는 길입니다.
두 번째 선물로 만나는 길은 성경적 제자훈련입니다.
진리의 말씀으로 빛 가운데 거하며,
십자가의 길로 인도하는 성령을 따라,
온 세상을 밝히며 화평을 전하는 길입니다.

세 번째 선물로 만나는 길은 성경적 힐링입니다.
예수 보혈의 능력으로 연약함이 정결하게 씻기어 회복되고,
강하고 담대한 영적인 말씀으로 새롭게 무장하면서,
하나님께 찬양과 경배로 회개하며 영광을 돌리는 길입니다.

오직 성경으로…
성경적 전인교육과 제자훈련, 힐링을 통한
성령의 역사를 맞이하여 온전한 회개가 일어날 때,
부르심을 입은 백성들은 예수 그리스도 안에서,
충만한 기쁨과 감사로 기도의 연합을 이루어 갈 것입니다.

"힐링! 예수 그리스도의 선물"을 품에 안은
모든 사람의 마음속에…
고귀하신 십자가의 사랑이 살아나는 성령의 역사로,
날마다 새로운 삶을 찾는 은혜를 이웃에게 전하면서,
주께 영광을 돌리는 제자의 길에서 하나 되는 연합을 소망합니다.

"힐링! 예수 그리스도의 선물" 이 출간되어
많은 사람들에게 기쁨의 선물로 전해지기를 기도하는
"홀·리·크·로·스·찬·양·드·림"과 함께…

2014년 아름다운 가을, 충북 영동 두란노제자훈련원에서 섬기는
문요셉, 김에스더 목사 드림

선물의 순서

제1장 성경적 전인교육

제2장 성경적 전인교육의 방향

제3장 삶을 변화시키는 7단계 전인교육

소개합니다

제 1 장

성경적 전인교육

너희는

이 세대를 본받지 말고

오직

마음을 새롭게 함으로 변화를 받아

하나님의

선하시고 기뻐하시고 온전하신 뜻이 무엇인지

분별하도록 하라

[롬 12:2]

성경적 전인교육의 소망

Healing

예수는
그 지혜와 그 키가 자라가며

하나님과
사람에게 더 사랑스러워 가시더라

[눅 2:52]

어두움에 다니지 않는
생명의 빛

우리가 살고 있는 세상의 모습은 나날이 눈부시게 발전하여 모든 것이 더욱 좋은 것으로 늘 새롭게 변화하고 있습니다.

그런데 가장 중요하게 다루어져야 할 교육의 현실은 과연 어떨까요? 학교에 적응을 못하는 문제로 학교를 중단해야 하는 상황 앞에서 대안 교육을 찾는 가정의 자녀가 갈수록 많아지고 있습니다. 이전에는 고등 학생들의 경우에 해당되었던 대안교육의 문제가 점점 중학생으로 내려 가면서 지금은 초등학생들에게도 절박한 문제로 나타나고 있기 때문입 니다.

그렇다면 우리의 소중한 그리스도의 자녀들을 위한 대안교육의 문제 는 과연 어디에서, 어떻게 해결을 받아야 할까요?

교육에는 정도가 없다고 하는 정의 앞에서 우리는 교육의 한계를 열어놓고 무한한 가능성을 바라보기도 하지만, 자녀들이 마음껏 행복 을 누리며 자유롭게 따라갈 수 있는 참된 교육의 길을 찾기 힘든 현 실의 안타까움이 있기 때문입니다.

예수께서 또 일러 가라사대 나는 세상의 빛이니 나를 따르는 자는 어두움에
다니지 아니하고 생명의 빛을 얻으리라 [요 8:12]

세상의 빛으로 오서서 진리를 가르치신 예수님은 어두움에 다니지
않는 생명의 빛을 얻도록, 세상의 죄와 악을 이기는 살아있는 말씀의
교육으로 갈 길을 환히 비춰주고 계십니다.

하나님이
하시는 능력

인간은 연약한 존재이므로 그 누구도 다른 사람을 책임질 힘이 없다는 것을 깨닫습니다. 다만 사랑으로 보살펴주는 마음의 정성이 전부가 아닐까요? 그래도 인간의 가장 큰 사랑을 찾는다면 자녀를 향한 부모의 사랑이라고 말할 것입니다.

하지만 아무리 깊고 넓은 부모의 특별한 사랑이라고 해도 자녀의 몸이 아플 때나 마음의 고통으로 괴로울 때 대신 아파해줄 수 없고 대신 감당해 줄 수도 없는 사랑일 뿐입니다.

그렇다면 교육의 생명을 의지해야 하는 우리의 소중한 자녀들은 과연 무엇을 바라보고, 누구를 의지해서 험한 세상을 헤쳐 나갈 힘을 얻는 생명의 교육으로 성장할 수 있을까요?

율법이 육신으로 말미암아 연약하여 할 수 없는 그것을
하나님은 하시나니 곧 죄를 인하여
자기 아들을 죄 있는 육신의 모양으로 보내어 육신에 죄를 정하사
육신을 좇지 않고 그 영을 좇아 행하는 우리에게
율법의 요구를 이루어지게 하려 하심이니라 [롬 8:3]

성경적 전인교육은 하나님 말씀 안에서 믿음이 자라고, 마음의 중심이 예수의 사랑으로 살아나도록 양육 받는 것입니다. 험한 세상에서 죄악과 싸워 이기고 사랑의 빛을 받는 믿음의 사람으로 깨어나며, 세상의 유혹과 핍박이 다가와도 물리치고 이겨내는 담대한 사람으로 성장하는 길을 열어줍니다.

살아있는
내면의 전인교육

여호와의 교훈은 정직하여
마음을
기쁘게 하고

여호와의 계명은 순결하여
눈을
밝게 하도다

[시 19:8]

내면의 교육을 향한
기쁨

하나님 자녀는 사랑을 받기 위해 태어난 소중한 생명입니다.

하나님께서는 그 소중한 생명 안에 믿음의 씨앗을 심어주셨고, 그 씨앗이 예수의 사랑을 듬뿍 받고 싹이 틀 때 하나님의 자녀인 것을 알도록 만나주십니다. 또한 씨앗 속에 달란트를 넣어주시어 숨은 재능이 강점으로 살아나도록 훈련받음으로 가야 할 길을 찾는 소망으로 인도해 주시는 분입니다.

내면의 교육은 사랑이어야 합니다. 살아있는 소중한 생명의 씨앗이 잘 자라면서 예수님을 통해서 아름답게 태어난 그리스도의 자녀가 되었음을 깨닫게 해 주고, 자신이 얼마나 소중한 존재인지를 알아가도록 사랑으로 양육 받아야 합니다.

내면의 교육은 믿음이어야 합니다. 살아있는 생명의 주인이신 하나님과의 관계를 배우고, 그리스도 안에서 믿음을 지키는 복음의 사람으로 깨어나도록 이끌어주어야 하며, 말씀 안에서 믿음을 키우고 견고히 세우도록 양육 받아야 합니다.

내면의 교육은 소망이어야 합니다. 하나님께서 소중한 생명 안에 숨겨 놓으신 달란트를 찾고 개발하는 훈련을 통해 자신의 강점으로 살아나기까지, 주님의 뜻을 따르는 소망 가운데 영광을 돌리는 기쁨의 체험이 되도록 양육 받아야 합니다.

나무가 잘 자라도록 정성으로 보살피는 것은 필요한 모든 것을 적절히 공급받고 보호받는 힘이 중요하듯이, 사랑으로 믿음이 자라고, 믿음으로 소망을 이루도록 인도해야 합니다.

그런데 만일 자라는 동안 한쪽이라도 시들게 되면 어느새 주변이 상하고 점점 많은 부분이 힘을 잃으면서 잘 자라지 못할 수도 있기 때문에, 비바람과 거센 풍파를 잘 이겨내는 나무가 되도록 하나님의 크신 도우심을 얻고 자라나야 합니다. 십자가 나무에서 사랑의 줄기를 뻗고 지혜의 가지와 은혜의 열매를 맺도록 그리스도의 선물로 성장하는 길입니다.

그리스도의 자녀에게 가장 큰 힘을 주는 열쇠는 하나님의 사랑을 공급받고 있다고 확신하는 믿음입니다. 그 사랑의 확신으로 마음이 자랄 때 내면에 솟아나는 깊은 샘물이 마르지 않는 소망을 찾도록 키워주는 전인교육의 길로 향합니다.

하나님을 따라 의와 진리의 거룩함으로 지으심을 받은 새 사람을 입고, 십자가 사랑으로 깨끗이 씻기어 말씀에 순종하는 자의 길을 걸어간다면 전인적 성장의 승리가 일어납니다.

하나님을 따라
의와 진리의 거룩함으로 지으심을 받은
새 사람을 입으라 [엡 4:24]

하나님이 각 사람 속에 심어주신 재능의 씨앗이 잘 자라도록 소망의 말씀으로 양육 받으며 내면의 강점이 살아날 때, 주의 뜻을 찾고 이루는 지혜의 길로 인도합니다. 주가 주신 생명의 빛으로 허락하신 달란트를 통해 소중한 열매를 맺는 삶입니다.

말씀의 씨가 뿌려져서 믿음으로 숨 쉬는 마음의 중심이 깨어나고, 다양한 체험을 통해서 성장하는 기쁨을 찾는 행복한 교육은 내면의 강점이 소중히 쓰임 받도록 인도받는 길입니다.

사랑스런 자녀에게 숨어있는 재능이 강점으로 발휘되어 행복한 길을 걸어**가도록**, 말씀 안에서 마음의 눈과 귀가 활짝 열리는 지혜를 얻고 주신 **소망을** 따라 성장하는 교육입니다.

자녀의 마음과 생각을 존중하고, 스스로의 문제를 들고 주께 나아오도록 **용납하**시는 예수님의 수용적 교육으로 다가갈 때, 숨어있는 내면의 잠재력이 진정한 유익으로 살아납니다.

생명 있는 지혜의 교사로서 사랑과 섬김으로 제자를 가르치신 예수님의 교육을 바라보고 따라가는 성경적 전인교육은 십자가 사랑의 빛으로 어두운 세상을 환하게 비춰줄 것입니다.

무엇이든지 전에 기록한 바는 우리의 교훈을 위하여 기록된 것이니 우리로 하여금 인내로 또는 성경의 안위로 소망을 가지게 함이니라 [롬 15:4]

삶을 변화시키는 교사는
누구일까요

자발적 동기가 유발되도록 기다리는 교사

수평적 관계에서 자유함을 허용하는 교사

수용적 교육으로 신뢰감을 형성하는 교사

점진적 활동으로 강점이 개발되도록 돕는 교사

그리스도 중심의 사랑을 나누는 교사

진정한 대화의 문을 열어주는 교사

예수 제자의 길을 함께 가는 교사

교회의 시작이 열악한 환경에서 작게 일어날 때, 복음의 열정은 더욱 크게 움직이며 확장되는 소망을 바라봅니다.

"하나님은 소집단의 그리스도인들을 연합시키시고, 그곳에 작은 집 하나를 사서 교회를 시작하게 하셨습니다. 그 교회에 월트(Walt)라는 사람이 있었는데, 그는 초등학교밖에 다니지 못한 사람이었습니다."(『삶을 변화시키는 교사입니까』 하워드 G. 헨드릭스 지음 / 머리말에서)

주일학교의 교사는 주어진 사명을 잘 감당하려는 충성보다, 주의 어린 양들을 그리스도의 사랑으로 소중히 양육하고 싶은 소망의 열정이 더 크게 일어나는 것이 중요합니다.

"어느 날 월트는 주일학교 부장에게 자신도 주일학교의 한 반을 맡기 원한다고 말했습니다. 그러자 그 부장은, "월트, 그것참 좋은 생각이네. 하지만 자네에게 내어줄 자리가 없네."라고 대답했습니다. 그런데도 월트가 막무가내로 졸라대자 그 부장은 "좋아, 그럼 밖에 나가서 한 반을 만들어 보게. 자네가 데려오는 사람은 누구든지 자네의 반이 되는 걸세."라고 제안했습니다. 그때부터 월트와 내가 하나의 공동체를 이루게 된 것입니다."(『삶을 변화시키는 교사입니까』 하워드 G. 헨드릭스 지음 / 머리말에서)

교사의 길을 가기 위해서 어린 양들을 찾으러 나가는 월트 선생님의 마음은 온통 주의 사랑으로 불타고 있었기에, 처음 만난 어린 양이 너무나 소중하게 다가왔을 것입니다.

"우리가 처음 만난 그때 나는 시멘트 바닥 위에서 공기놀이를 하고 있었습니다. 나를 발견한 월트가 "얘야, 너 우리 주일학교에 가고 싶지 않니?"라며 말을 걸어왔습니다. 그의 말에 나는 관심이 없었습니다. 왜냐하면 그 당시 주일학교에서 가르치는 것은 모두 나에게 흥미를 주지 못했기 때문입니다. 그러자 그가 또다시 말했습니다. "그럼 나하고 같이 공기놀이 할까?" 공기놀이는 무척이나 재미있었습니다. 그래서 우리는 함께 공기놀이를 하였고, 비록 그가 계속해서 이기긴 했지만 재미있어서 오랜 시간 동안 같이 놀았습니다." (『삶을 변화시키는 교사입니까』 하워드 G. 헨드릭스 지음 / 머리말에서)

교사는 그리스도 안에서 학생의 마음과 온전히 연합하기 위해 모든 것을 함께 하는 용납의 사랑으로 다가가야 합니다.

"그때부터 나는 그가 가는 곳은 어디든지 따라다녔습니다. 월트는 13명의 아이를 모아 주일학교 반을 만들었는데, 그중에서 9명이 결손가정에서 태어난 아이들이었습니다. 그런데 지금은 그 13명 중 11명이 전임 사역자가 되어 곳곳에서 봉사하고 있습니다." (『삶을 변화시키는 교사입니까』 하워드 G. 헨드릭스 지음 / 머리말에서)

월터 선생님의 사랑이 하워드 G. 헨드릭스의 삶에 그토록 중요한 도움이 되었고, 미래 사역의 길을 가도록 인도하면서 소중히 맺힌 교육의 열매를 바라보면서, 교회 주일학교 교사의 역할에 대한 중요성이 너무나 강조됨을 깨닫습니다.

『삶을 변화시키는 교사입니까』 머리말 "전달에 대한 열정" 중에서

하워드 G. 헨드릭스 지음 / 김의원 · 조남수 공역 / 아가페문화사

삶을 변화시키는 진정한 교사는
누구일까요?

하나님의 사랑으로 온전한 주의 길을 가도록 인도하는 교사는
삶을 변화시키는 교사입니다. 사랑의 교사는 무엇을 준비하고
어떤 마음의 결단으로 교육에 임해야 할까요?

그리스도의 사랑을 실천하는 예수 제자의 마음으로
늘 깨어있어…

양육 받는 자들의 모든 생각과 마음을
용납하고…

오직 십자가 사랑의 섬김으로 충성하는
교사입니까?

"당신이 바로… 삶을 변화시키는…
살아있는 전인교육으로 다가가는… 진정한 교사입니다…!"

지혜로운 부모가
교사입니다

노하기를 더디하는 것이
사람의 슬기요
허물을 용서하는 것이 자기의 영광이니라

[잠 19:11]

복음 안에 살아가는
부모와 자녀

인간의 삶을 변화시키는 진정한 교육의 힘은 복음을 위해 십자가에서 생명을 내어주신 예수 그리스도의 마음, 곧 희생의 사랑 안에 들어 있습니다. 자녀를 살리시려 고난의 십자가를 지셨고, 모든 죄를 대속하시려 고통 가운데 물과 피를 다 쏟아내시며 끝까지 승리하신 아버지의 마음이기 때문입니다.

소중한 자녀에게 가장 소중한 힘은 아버지의 마음입니다. 자녀의 모든 성장이 온전한 하나님의 길을 향해 한 걸음씩 걸어가도록 안아주시고 베푸시며 손 잡아주시는 사랑입니다.

지혜로운 부모는 자녀의 삶에 가장 큰 유익을 주는 아버지의 마음을 구하기 위해 먼저 준비해야 할 결단이 있습니다. 자녀의 모든 것이 하나님께 속한 것임을 믿는 마음으로 십자가 앞에 부모의 권한을 내려놓고 자녀를 맡겨드리는 것입니다.

하나님이 가라사대 저가 나를 사랑한즉 내가 저를 건지리라
저가 내 이름을 안즉 내가 저를 높이리라 [시 91:14]

그것은 곧 진정한 주인이신 하나님께서 자녀의 모든 것을 가장 좋은 것으로 인도하시도록 부모의 열심을 내려놓는 것이며, 자녀의 삶이

온전히 하나님을 향하도록 돕는 길입니다.

　지혜로운 부모는 범사에 감사하는 믿음으로 양육합니다. 복음 안에 살아감으로 하나님 사랑 안에서 항상 기뻐하며, 쉬지 않고 기도하는 평안을 체험하도록 가르치고, 주의 길에서 자녀와 친구가 되어 사랑으로 생활의 모든 것을 나눕니다.

　지혜로운 부모는 하나님의 영으로 자녀를 들여다보면서 마음의 눈을 활짝 열고 다가갑니다. 자녀의 생활을 세심하게 관찰하고, 자녀에게 일어나는 모든 일을 함께 나누며 자녀의 마음을 함께 느끼면서 끌어안고 위로하는 사랑을 구합니다.

　지혜로운 부모는 자녀의 마음이 예수님을 닮아가도록 말씀으로 살아가는 생활로 이끌어 줍니다. 성경 말씀을 배우고 가르치며 은혜를 나누고, 성령의 인도 따라 말씀에 순종하는 마음을 훈련하면서 솔직한 마음을 털어놓고 교제합니다.

　지혜로운 부모는 자녀의 모든 것을 용납하는 그리스도의 긍휼하심을 간구합니다. 자녀의 생활에서 나타나는 행동과 문제를 판단으로 밀어내지 않으며, 허물을 덮어주고 따뜻한 위로를 아끼지 않으며, 기도의 연합으로 새 힘을 얻게 합니다.

　지혜로운 부모는 자녀의 모든 생활 가운데 마음의 움직임을 세밀히

관찰하고 느끼면서, 그리스도의 사랑 안에서 늘 평안하도록 지켜주는 상담사의 역할을 충실하게 감당해 줍니다.

성령의 열매를 맺는
전인교육

전인교육은 주의 사랑을 실천하는 사람으로 성장하도록 그리스도의 지혜를 배우고, 십자가 사랑을 통해 예수를 닮아가는 품성을 기르도록 훈련하며, 말씀을 따라 주의 은혜를 나누면서 기쁨과 감사로 영광 돌리는 길을 향해 나아가야 합니다.

보혈의 능력으로 씻기어 정결함을 입은 은혜의 생활을 이루도록, 부모와 자녀의 마음이 하나 되는 온전한 연합에 힘쓰고, 말씀을 따라 성령의 열매를 맺는 평안을 얻는 길입니다.

오직
성령의 열매는
사랑과 희락과 화평과 오래 참음과 자비와 양선과 충성과 온유와 절제니
이 같은 것을 금지할 법이 없느니라
[갈 5:22-23]

성령의 열매를 맺는 삶은 하나님과 교제하는 영적인 생활로 말씀 안에서 늘 새롭게 깨어나도록 사랑, 희락, 화평, 오래 참음, 자비, 양선, 충성, 온유, 절제를 배우고 지키는 섬김의 길입니다.

하나님은 사랑이시므로 그리스도를 믿는 가정은 부모와 자녀의 모든

삶이 하나님 안에 거하고, 믿음이 자라는 마음의 체험을 가지도록 말씀과 찬양과 기도의 친구가 되어 줍니다.

삶을 변화시키는 전인교육을 소망하는 기도	
말 씀	하나님 말씀 안에서 사랑으로 양육하는 능력을 더해주옵소서.
	매일 성경을 읽는 자 되어 말씀의 능력으로 양육하게 하옵소서.
믿 음	예수 안에서 믿음을 키워주는 능력의 기도로 무장하게 하옵소서.
	언제나 견고한 믿음의 담대함으로 양육하는 은혜를 주옵소서.
사 랑	범사에 감사하는 마음의 은혜와 사랑으로 늘 양육하게 하옵소서.
	내면에 심겨진 달란트를 찾고 기르도록 사랑을 나누게 하옵소서.
지 혜	내면의 마음을 들여다보는 눈을 열어주시어 용납하게 하옵소서.
	예수를 닮아가는 온유한 성품이 되도록 끌어안는 힘을 주옵소서.
내 려 놓 음	오래 참고 기다리도록 다 내어주는 마음으로 양육하게 하옵소서.
	항상 자신을 부인하는 빈 마음의 새 능력으로 베풀게 하옵소서.
	생각과 판단을 버리고 잠잠히 바라보는 인내로 양육하게 하소서.
연 합	어떠한 문제 앞에서도 주님만 의지하는 은혜로 연합하게 하소서.
	성령의 인도 가운데 사랑의 간구로만 연합하는 은혜를 주옵소서.
소 망	항상 기쁨의 생활 가운데 소망을 찾는 마음을 나누게 하옵소서.
	늘 새로운 믿음의 소망을 바라보도록 기도로 양육하게 하옵소서.

그리스도의
말씀이
너희 속에 풍성히 거하여

모든
지혜로
피차 가르치며 권면하고

시와 찬미와
신령한 노래를 부르며

마음에
감사함으로
하나님을 찬양하고

또
무엇을 하든지 말에나 일에나

다
주 예수의 이름으로 하고

그를
힘입어
하나님 아버지께 감사하라

[골 3:16-17]

성경적 전인교육의 나무

Healing

사 랑 나 무
믿 음 나 무
소 망 나 무

사 랑 나 무

⇩

사랑의 힘으로 세상을 이기는 교육

⇩

항상 기뻐하는 승리의 줄기

⇩

항상 기뻐하라

[살전 5:16]

믿 음 나 무

⇩

믿음의 힘으로 지혜가 자라나는 교육

⇩

쉬지 않고 기도하는 지혜의 가지

⇩

쉬지 말고 기도하라

[살전 5:17]

소 망 나 무

⇩

소망의 힘으로 감사가 샘솟는 교육

⇩

범사에 감사하는 은혜의 열매

⇩

범사에 감사하라

[살전 5:18]

[사랑으로 성장하는 십자가 나무]

믿음 소망 사랑
⇩
이 세 가지는
항상 있을 것인데
그 중에 제일은 사랑이라

[고전 13:13]

사 랑 나 무
⇩
내가 너희를
사랑한 것같이
너희도
서로 사랑하라

[요 15:12]

믿 음 나 무
⇩
사람이 친구를 위하여
자기 목숨을 버리면
이에서
더 큰 사랑이 없나니

[요 15:13]

소 망 나 무
⇩
너희가
나의 명하는 대로 행하면
곧 나의 친구라

[요 15:14]

[소망으로 열매 맺는 전인교육 나무]

선 물
⇩
우리 각 사람에게
그리스도의 선물의
분량대로
은혜를 주셨나니
[엡 4:7]

승리의 줄기
⇩
사랑의 힘으로
세상을
이기는 교육

지혜의 가지
⇩
믿음의 힘으로
지혜가
자라나는 교육

은혜의 열매
⇩
소망의 힘으로
기쁨이
샘솟는 교육

사랑의 힘으로
세상을 이기는 교육

우리가
하나님을 사랑하고

그의 계명들을 지킬 때에

이로써

우리가
하나님의 자녀 사랑하는 줄을
아느니라

[요일 5:2]

사랑나무로 살아가는
소중한 존재

우리를 죄에서 구원하시려 십자가에서 감당하신 주님의 희생과 섬김은 우리가 얼마나 소중한 존재인지 깨닫게 합니다.

성경적 전인교육은 하나님 안에서 살아 숨 쉬는 생명의 호흡을 통해 정결한 마음으로 자라나도록 보호받고 인도받는 양육입니다. 나무가 자랄 때 꼭 필요한 햇빛과 물, 양분이 되는 힘은 십자가 사랑 안에서 주님과 동행하는 소망입니다.

어린 나무가 강한 나무로 성장하면서 모진 비바람이나 메마른 가뭄의 때를 맞이해도 잘 이겨내는 힘을 얻도록, 전인교육의 근본적 접근으로 살아있는 지혜가 풍성해져야 합니다.

하나님 사랑으로 모든 것을 용서받았음을 깨닫는 은혜를 배우고, 마음에 욕심과 미움을 가지지 않도록 사랑하는 마음을 키우며, 하나님이 기뻐하시는 일을 찾는 소망을 가르칩니다.

모든 것을 참으며 모든 것을 믿으며 모든 것을 바라며 모든 것을 견디는 진리의 말씀을 따라 바르게 성장하도록 교육할 때, 꼭 있어야할 것을 구하고 버려야 할 것을 담대히 물리치는 지혜가 자라납니다.

하나님 사랑의 힘으로 양육이 일어남은 하나님과 하나 되는 화해로 교제하는 승리의 길입니다.

사랑의 열쇠로
열리는 문

세상을 살아갈 때 우리는 열어야 하는 여러 가지 많은 문들을 만나게 됩니다. 때로 그 문을 열지 못해 근심과 걱정으로 불안에 싸이고, 도저히 해결할 방법을 찾지 못해 어둠 속에 갇혀 실망과 좌절에 빠지기도 합니다. 살아있는 전인교육은 세상이 알 수 없는 길을 가면서 오직 하나님 사랑의 능력으로 닫혀있는 모든 문을 열고 통과하여 빛을 찾는 길입니다.

오직 소망으로 시작하고 믿음으로 완성되는 길에서 사랑의 열쇠로 열리는 문을 통과하여 가장 유익한 삶을 이루도록 도와주는 교육의 열쇠입니다. 말씀으로 양육하는 전인교육은 가르치는 자와 배우는 자가 함께 평안을 소망하며, 생각과 마음이 십자가를 향해 있어 세상의 것과 하늘의 것을 분별하는 눈이 활짝 열리는 기쁨과 감사를 체험하기 때문입니다.

> 내가 너희에게 주는 것은 세상이 주는 것 같지 아니하니라
> 너희는 마음에 근심도 말고 두려워하지도 말라 [요 14:27]

하나님은 자녀의 삶을 돌아보시고 늘 잔잔한 물가로 인도하시며, 말씀을 통해 가장 좋은 길을 가도록 이끄시는 분입니다. 자녀의 마음 깊은 곳에 숨어있는 소망이 교육을 통해 이루어지도록 부모와 교사 우리 모두가 연합해야 할 때입니다.

모든
겸손과 온유로 하고

오래 참음으로
사랑 가운데서 서로 용납하고

평안의 매는 줄로
성령의 하나 되게 하신 것을

힘써 지키라

[엡 4:2-3]

믿음의 힘으로
지혜가 자라는 교육

네가
어려서부터 성경을 알았나니

성경은
능히 너로 하여금

그리스도 예수 안에 있는 믿음으로 말미암아

구원에
이르는 지혜가 있게 하느니라

[딤후 3:15]

믿음의 눈으로 바라보는
새로운 길

전인교육은 하늘에서 내려오는 지혜를 따라 선한 행실로 온전한 그리스도인의 삶을 살아가도록 힘써 가르치고 배우는 훈련입니다. 깊은 사랑을 듬뿍 받고 그 능력으로 모든 것을 바라보는 믿음의 눈이 열릴 때, 하늘의 지혜가 임하는 사랑의 향기로 호흡함으로 소망의 마음도 활짝 열리는 것입니다.

이는 하나님의 사람으로 온전케 하며
모든 선한 일을 행하기에 온전케 하려 함이니라 [딤후 3:17]

인간은 스스로 향기를 만들거나 피우기 위한 노력이 불가능합니다. 다만 예수의 사랑을 품어 그리스도의 향기가 피어나고 하나님의 자녀라는 확신을 얻을 뿐입니다. 곧 진정한 교육은 인간의 힘으로 밀어주거나 잡아끄는 것이 아닌 오직 하나님 사랑의 능력에 의지하여 함께 이루어 가는 것입니다.

너는 배우고 확신한 일에 거하라 [딤후 3:14]

세상에 없는 예수님의 지혜는 오직 하나님께 속한 것입니다. 그 길을 따르는 성경적 전인교육은 세상의 힘을 의지하지 않도록 무거운 짐을 내려놓고, 주의 도우심으로 세상을 이겨내는 힘을 키우는 것입니다. 모든 일을 통해 사랑과 기쁨을 지키는 평안을 얻도록 믿음을 의지하는 진정한 교육입니다.

믿음의 관계를 지켜주는 인내

성경적 전인교육에서 가장 중요한 것은 신뢰입니다. 자녀는 자신을 믿어준다고 느낄 때 마음을 활짝 열고 다가오지만, 신뢰받지 못할 때는 부정적인 반응으로 일관하면서 비협조적으로 대항하는 경우가 많습니다. 교육은 믿음의 관계를 바르게 형성하는 열쇠가 되어야 합니다. 먼저 십자가 사랑의 감사로 주님과 깊은 관계를 맺고, 그 사랑의 인내로 자녀와의 관계를 온전히 이루도록 소망의 확신을 간구해야 합니다.

성경적 전인교육에서는 자녀의 마음을 존중하는 부모 혹은 교사로서 마음을 비우는 배려가 정말 중요합니다. 자녀의 마음이 무엇을 원하는지, 무엇을 기다리는지, 무엇을 망설이는지…, 다양한 마음의 움직임을 자세히 살펴보면서 가장 유익한 길을 향한 마음의 감동이 일어나도록 다리가 되어줍니다.

좋은 땅에 있다는 것은 착하고 좋은 마음으로 말씀을 듣고 지키어
인내로 결실하는 자니라 [눅 8:15]

하나님은 진정한 사랑의 관계가 형성되기까지 자유의지를 존중하시고 기다리시는 분입니다. 자녀의 마음에서 일어나는 섬세한 느낌과 생각을 조심스럽게 살펴보는 인내로 늘 배려하면서 스스로 깨어나도록 존중한다면 살아있는 교육입니다.

사랑을
입은 자녀같이

너희는
하나님을 본받는 자가 되고

그리스도께서
너희를 사랑하신 것같이

너희도
사랑 가운데서 행하라

[엡 5:1-2]

소망의 힘으로
기쁨이 샘솟는 교육

소망의 하나님이

모든
기쁨과 평강을

믿음 안에서
너희에게 충만케 하사

성령의 능력으로
소망이 넘치게 하시기를 원하노라

[롬 15:13]

소망을 찾아
열매 맺는 나무

하나님은 모든 사람의 마음속에 강점으로 살아나도록 특별한 달란트를 심어 주셨습니다. 달란트는 그리스도 선물의 분량대로 은혜를 주시려고 인간의 내면에 심어 주신 특별한 하늘의 선물이므로, 주의 자녀로 선한 일을 행하기까지 필요한 모든 것을 다 구하고 찾도록 인도하시고 채워주십니다.

> 지혜가 네 영혼에게 이와 같은 줄을 알라 이것을 얻으면
> 정녕히 네 장래가 있겠고 네 소망이 끊어지지 아니하리라 [잠 24:14]

깊이 숨겨진 달란트가 강점으로 살아나도록 성경적 전인교육을 통해 사랑의 힘으로 채워질 때, 감당해야 할 사명이 일어납니다. 사명을 감당하는 것은 세상에 꼭 필요한 하나님의 사람으로 어두움을 밝히는 빛으로 살아가는 것이므로, 소망을 따라 아름답게 쓰임 받고 열매를 맺도록 훈련해야 합니다.

하나님 사랑은 모든 것이 합력하여 선을 이루도록 이끄시는 연합입니다. 자녀 교육에 힘쓰는 부모와 교사가 십자가 안에서 하나 되는 교제의 은혜를 나누며 성령의 열매를 맺을 때, 그 소망을 완성하는 아름다운 길을 함께 걸어가는 것입니다.

> 우리로 저의 은혜를 힘입어 의롭다 하심을 얻어
> 영생의 소망을 따라 후사가 되게 하려 하심이라 [딛 3:7]

속사람으로
깨어나는 기쁨

 우리의 마음이 생각의 지배를 받음으로 삶의 모양에 대한 근심과 걱정이 몰려온다면 겉 사람에 속한 것이며, 모든 생각을 이기는 담대한 힘을 얻는다면 속사람에 속한 것입니다.

> 우리가 낙심하지 아니하노니 겉사람은 후패하나
> 우리의 속은 날로 새롭도다 [고후 4:16]

 자녀에게 있어 부모와 교사의 역할은 사랑을 배우고 하나님의 진리를 체험하도록 돕는 것입니다. 성경적 전인교육은 자녀가 육에 속한 겉 사람을 벗고, 사랑의 능력으로 속사람이 깨어나는 성령의 지혜를 얻도록 생명의 말씀을 가르칩니다.

 교육은 스스로에게 유익한 길을 구하고 찾도록 사랑의 인내로 보살펴주고, 소망을 바라는 내적인 신뢰를 얻도록 돕는 것입니다. 깊은 마음을 비추는 생명의 빛이 그 무엇에도 억압되지 않는, 자유의지를 따라가도록 인도하기 때문입니다.

> 주께서 생명의 길로 내게 보이시리니 주의 앞에는 기쁨이 충만하고
> 주의 우편에는 영원한 즐거움이 있나이다 [시 16:11]

 하나님 안에서 양육 받는 자녀는 근심과 걱정을 벗고 항상 사랑으로 이끄시는 믿음의 확신을 체험하면서 승리합니다.

아기가 자라며 강하여지고

지혜가 충족하며

하나님의 은혜가 그 위에 있더라

[눅 2:40]

자녀들아
너희 부모를 주 안에서 순종하라

이것이 옳으니라

네 아버지와 어머니를 공경하라

이것이
약속 있는 첫 계명이니

이는
네가 잘 되고 땅에서 장수하리라

또 아비들아
너희 자녀를 노엽게 하지 말고

오직
주의 교양과 훈계로 양육하라

[엡 6:1-4]

우리의 도움은

천지를 지으신 여호와의 이름에

있도다

[시 124:8]

 제 2 장

성경적 전인교육의 방향

너는
배우고 확신한 일에 거하라
네가
뉘게서 배운 것을 알며
또 네가 어려서부터 성경을 알았나니

성경은
능히 너로 하여금
그리스도 예수 안에 있는 믿음으로 말미암아
구원에 이르는
지혜가 있게 하느니라

[딤후 3:14-15]

복음의 길을 향한 전인교육

Healing

공주교대 JDM 아침모임

네가
이것으로 형제를 깨우치면

그리스도
예수의 선한 일꾼이 되어

믿음의 말씀과
네가 좇는 선한 교훈으로 양육을 받으리라

[딤전 4:6]

성경적 전인교육을 통한
하나님의 은혜

세상에서 가장 행복한 사람으로 성장하는 길을 찾는다면 바로 성경적 전인교육으로 양육 받기를 소망해야 할 것입니다.

가르치는 자와 배우는 자가 함께 믿음 안에서 하나 되어 예비해주신 하나님의 동일한 은혜를 입고 나누기 때문입니다.

세상의 모든 것을 이기는 하나님 능력의 사람으로 예수를 증거하는 은혜와 모든 지식에 풍족한 사람으로 성장하며, 또한 그리스도를 구주로 섬기는 믿음이 견고한 자로 자랍니다.

> 모든 일 곧 모든 구변과 모든 지식에 풍족하므로
> 그리스도의 증거가 너희 중에 견고케 되어 [고전 1:5-6]

괴로울 때, 슬플 때, 어려울 때, 시험 당할 때의 모든 삶을 보호하시고 지켜주시는 하나님의 인도를 따라 걸어갑니다.

> 우리 주 예수 그리스도의 날에 책망할 것이 없는 자로
> 끝까지 견고케 하시리라 [고전 1:8-9]

그리스도의 자녀에게 내리시는 하나님의 은혜는 십자가에서 살아나는 사랑의 향기로 세상의 죄악을 이길 힘을 채우시는 축복이며, 선한 일꾼으로 주의 영광을 따라가는 길입니다.

성경적 전인교육의
목적

모든 성경은
하나님의 감동으로 된 것으로

교훈과 책망과 바르게 함과 의로 교육하기에 유익하니

이는
하나님의 사람으로 온전케 하며

모든
선한 일을 행하기에 온전케 하려 함이니라

[딤후 3:16-17]

첫 째

온 세상의 주인이신 하나님께서
가장 좋은 길로 인도하시는 삶을 따라가며,
행복한 생활을 이루도록 필요한 모든 것을 베푸시는
은혜에 감사하는 마음을 키웁니다.

둘 째

하나님의 뜻 안에 살아가는 삶을 드려
각 사람에게 주신 진정한 뜻을 찾고 이루도록,
성경 말씀을 통해 주의 진리를 배우며,
십자가 사랑의 은혜로 평안을 누리며 성장합니다.

셋 째

세상의 모든 것을 다스리고 이기는
사랑의 능력을 체험하고 말씀 안에 살면서
그리스도의 규례와 법도를 배우고,
믿음으로 승리하는 담대한 사람으로 깨어납니다.

넷 째

온 세상이 그리스도의 사랑으로 가득하도록
복음으로 나아가는 주님 계신 평화의 나라에
소중히 쓰임 받는 귀한 일꾼이 되도록
지혜의 말씀을 채우는 영적 훈련으로 전진합니다.

성경적 전인교육의 목표

내 안에 거하라
나도 너희 안에 거하리라

가지가
포도나무에 붙어 있지 아니하면

절로
과실을 맺을 수 없음같이   .

너희도
내 안에 있지 아니하면 그러하리라

[요 15:4]

1) 하나님께서 바라보시는 마음의 자유의지가 존중되어, 모든 활동이 자발적 동기에서 유발되는 기쁨으로 생활합니다.

2) 십자가 사랑의 말씀을 배우고 세상의 죄악을 멀리하면서, 예수님이 주신 평안을 지키는 용납의 마음을 훈련합니다.

3) 온 세상의 주인이신 하나님께서 은혜로 이끄시는 삶을 감사하는 생활로 서로 사랑하고 도와주며 화평하게 살아갑니다.

4) 하나님이 각 사람에게 주신 달란트를 개발하여 쓰임 받도록, 다양한 환경과 폭넓은 체험으로 강점을 키워나갑니다.

5) 하나님 안에서 육체적, 정신적, 사회적 발달이 일어나도록 점진적 교육의 말씀훈련을 통해 한 걸음씩 변화되어 갑니다.

6) 길과 진리이며 생명이신 예수님의 삶을 배우면서 믿음이 자라나도록, 말씀을 따라 실천하는 생활을 이루어갑니다.

7) 예수의 이름으로 세상을 다스리는 힘을 얻도록 영적인 말씀의 훈련을 통해 늘 찬양과 기도의 생활을 이루어갑니다.

오직 너희는 믿음과 말과 지식과 모든 간절함과 우리를 사랑하는
이 모든 일에 풍성한 것같이 이 은혜에도 풍성하게 할지니라 [고후 8:7]

성경적 전인교육의
개념

주의 진리로

나를
지도하시고 교훈하소서

주는 내 구원의 하나님이시니

내가
종일 주를 바라나이다

[시 25:5]

1) 세상의 주인이신 하나님의 존재를 배우고, 예수 십자가의 사랑을 통해 그리스도의 자녀로서의 행복한 삶을 찾는 교육

2) 하나님의 보호와 인도 가운데 그리스도의 자녀로서 누려야 할 진정한 삶을 얻도록, 믿음의 생활을 실천하는 교육

3) 복음의 말씀을 배우고, 그리스도의 지혜와 명철을 얻으며, 십자가의 보혈로 정결하게 씻기는 생활을 체험하는 교육

4) 하나님 말씀을 따라 순종하는 마음을 기르고, 말씀을 지키는 담대한 마음의 순종이 자라도록 단련하는 생활의 교육

5) 하나님께서 내면에 심어 주신 달란트를 찾고, 귀히 쓰임 받는 일꾼으로 성장하도록, 강점 개발에 힘쓰는 생활 교육

6) 하나님의 온전하신 뜻을 따라 경건한 생활을 하도록 깨어나고, 지킬 것과 버릴 것을 분별하는 순종의 훈련 교육

7) 오직 성경으로 살아가는 참된 그리스도인의 믿음을 키우고, 주의 사랑을 나누며 전하는 체험의 생활을 훈련하는 교육

8) 세상의 빛과 소금이 되는 자로 성장하도록, 주 안에서 항상 기쁨과 감사로 찬양하고 기도하는 생활을 훈련하는 교육

성경적 전인교육의
생활훈련

내 아들아
너는 듣고 지혜를 얻어

네 마음을
정로로 인도할지니라

[잠 23:19]

전인교육 생활훈련 지침		
1	믿음훈련	복음의 진리 안에서 평화로 살아가는 믿음 키우기
2	소망훈련	소망을 바라보고 상황을 해결하는 담대함 기르기
3	사랑훈련	하나님을 제일로 섬기고 내 몸처럼 이웃 사랑하기
4	말씀훈련	성경에서 배우는 말씀을 따라 실천하는 생활하기
5	찬양훈련	찬양과 경배로 하나님께 영광 돌리는 생활하기
6	기도훈련	그리스도 사랑 안에서 항상 기도하는 마음 지키기
7	감사훈련	모든 일을 통해 항상 감사하는 마음으로 생활하기
8	섬김훈련	가장 낮은 곳에서 섬겨주신 예수님 마음 닮아가기
9	봉사훈련	언제나 남을 돕는 자리에서 기쁨으로 봉사하기
10	충성훈련	자기의 열심이 아닌 주님의 마음으로 충성하기
11	협동훈련	하나 되는 마음의 공동체로 함께 일하는 훈련하기
12	단련하기	문제 앞에서 도우심을 구하고 해결하는 힘 기르기
13	연합훈련	한 마음과 한 뜻을 이루고 늘 연합하는 체험하기
14	내려놓음	자신의 마음과 생각을 비우고 마음 열고 다가서기
15	인내훈련	다양한 상황에서 용납하고 인내하는 마음 키우기
16	강점훈련	달란트를 발견하여 강점으로 확장하는 훈련하기
17	자연훈련	자연에 대한 다양한 체험으로 다스리는 힘 기르기
18	영적훈련	주신 사명을 통해 헌신하며 영적으로 무장하는 생활하기

| 1 | 믿음훈련 | 복음의 진리 안에서 평화로 살아가는 믿음 키우기 |

* 십자가에 달리신 그리스도의 은혜를 나누는 믿음생활
* 예수의 사랑으로 모든 사람과 평화롭게 살아가는 믿음훈련

| 2 | 소망훈련 | 소망을 바라보고 상황을 해결하는 담대함 기르기 |

* 하나님께서 자신에게 주신 소망을 찾고 이루는 생활 훈련
* 상황을 이기고 하나님 뜻을 따라 담대히 생활하는 훈련

| 3 | 사랑훈련 | 하나님을 제일로 섬기고 내 몸처럼 이웃 사랑하기 |

* 십자가 사랑 안에서 하나님을 마음의 주인으로 섬기기
* 사랑의 말씀을 배우고 실천하면서 기쁨과 평안 누리기

| 4 | 말씀훈련 | 성경에서 배우는 말씀을 따라 실천하는 생활하기 |

* 오직 성경으로 말씀을 배우고 예수를 닮아가는 생활하기
* 말씀을 실천하면서 서로를 향해 깊은 마음으로 교제하기

| 5 | 찬양훈련 | 찬양과 경배로 하나님께 영광 돌리는 생활하기 |

* 하나님을 찬양하고 예배하며 경배하는 생활 훈련하기
* 그리스도와 함께 살아가는 은혜를 찬양하는 생활 훈련

| 6 | 기도훈련 | 그리스도 사랑 안에서 항상 기도하는 마음 지키기 |

* 십자가에서 이루신 예수 보혈의 능력으로 기도하는 생활
* 예수의 권세로 유혹을 물리치고 자유함을 얻는 기도생활

| 7 | 감사훈련 | 모든 일을 통해 항상 감사하는 마음으로 생활하기 |

* 예수 십자가의 은혜와 사랑으로 감사하는 생활의 훈련
* 믿음으로 문제를 이겨내도록 먼저 감사하는 마음 찾기

| 8 | 섬김훈련 | 가장 낮은 곳에서 섬겨주신 예수님 마음 닮아가기 |

* 그리스도의 마음을 품고 낮은 자리에서 섬기는 생활하기
* 제자를 섬겨주신 예수님의 낮은 마음을 본받고 따르기

| 9 | 봉사훈련 | 언제나 남을 돕는 자리에서 기쁨으로 봉사하기 |

* 힘들고 어려운 사람을 돌보는 사랑의 마음으로 봉사하기
* 모든 일을 자신의 일로 여기고 다가가서 돕는 힘 기르기

| 10 | 충성훈련 | 자기의 열심이 아닌 주님의 마음으로 충성하기 |

* 자신의 입장을 버리고 주님 마음으로 충성하는 생활 훈련
* 하나님의 도우심을 구하고 모든 일에 헌신하는 생활 훈련

| 11 | 협동훈련 | 하나 되는 마음의 공동체로 함께 일하는 훈련하기 |

*주의 사랑 안에서 함께 일하면서 연합으로 활동하는 훈련
*하나 되는 마음으로 같은 목표를 향해 협력하는 생활훈련

| 12 | 단련하기 | 문제 앞에서 도우심을 구하고 해결하는 힘 기르기 |

*어려움 앞에서 주님을 바라보고 도우심을 얻는 생활훈련
*십자가 사랑을 의지하여 새 힘을 얻고 참아내는 생활훈련

| 13 | 연합훈련 | 한 마음과 한 뜻을 이루고 늘 연합하는 체험하기 |

*하나님과 연합하는 교제로 서로 주고받는 마음 훈련하기
*하나님 뜻 안에서 서로 화해하고 격려하는 생활 훈련하기

| 14 | 내려놓음 | 자신의 마음과 생각을 비우고 마음 열고 다가서기 |

*할 수 있음과 없음에 대한 마음을 십자가 앞에 내려놓기
*모든 일의 주인이신 하나님께 다 내어드리고 자유하기

| 15 | 인내훈련 | 다양한 상황에서 용납하고 인내하는 마음 키우기 |

*모든 상황 속에서 십자가를 바라보고 인내하는 생활훈련
*오래 참고 견디는 십자가의 능력을 구하고 체험하는 훈련

16	강점훈련	달란트를 발견하여 강점으로 확장하는 훈련하기

* 내면에 숨어있는 달란트를 찾고 하나님께 영광 돌리기
* 강점을 개발하여 소중한 일에 쓰임 받도록 충성하는 훈련

17	자연훈련	자연에 대한 다양한 체험으로 다스리는 힘 기르기

* 자연의 주인이신 하나님께 감사하며 다스리는 훈련하기
* 하나님의 섭리를 체험하면서 자연을 잘 기르는 생활하기

18	영적훈련	주신 사명을 통해 헌신하도록 무장하는 영적생활

* 복음 안에 살아가는 하나님의 자녀로 영적인 생활 훈련하기
* 세상의 유혹과 시험에 이기도록 영적인 힘을 얻는 기도 훈련

너는
그리스도 예수 안에 있는
믿음과 사랑으로써

내게
들은 바
바른 말을 본받아 지키고

우리 안에 거하시는 성령으로 말미암아

네게
부탁한 아름다운 것을
지키라

[딤후 1:13-14]

 제 3 장

삶을 변화시키는 7단계
전인교육

모든
성경은 하나님의 감동으로 된 것으로
교훈과
책망과 바르게 함과
의로
교육하기에 유익하니

[딤후 3:16-17]

삶을 변화시키는 7단계
전인교육

나는
포도나무요 너희는 가지니
저가 내 안에, 내가 저 안에 있으면

이 사람은
과실을 많이 맺나니

나를 떠나서는
너희가 아무것도 할 수 없음이라

[요 15:5]

1단계

→ 자발적 동기 유발의 행복
☆ 사랑의 씨앗을 심는 교육

▼

2단계

→ 수평적 관계의 자유함
☆ 사랑의 가지가 자라는 교육

▼

3단계

→ 수용적 교육의 신뢰감
☆ 사랑의 줄기가 뻗어나가는 교육

▼

4단계

→ 점진적 교육의 강점 개발
☆ 숨어있는 달란트를 개발하는 교육

▼

5단계

→ 그리스도 중심 전인교육
☆ 사랑의 열매가 맺히는 교육

▼

6단계

→ 진정한 대화의 문 열기
☆ 사랑의 교제가 일어나는 교육

▼

7단계

→ 예수의 제자 되어 승리하는 길
☆ 사랑의 밀알 되어 행복을 찾는 교육

네가

네 하나님
여호와의 말씀을

삼가 듣고

내가
오늘날 네게 명하는

그 모든
명령을 지켜 행하면

네 하나님 여호와께서

너를
세계 모든
민족 위에 뛰어나게 하실 것이라

[신 28:1]

내면의 마음을 키우는 전인교육

내면의 씨앗에서 살아나는 힘을 기르는 생활

내면에서 움직이는 마음 느끼기 ☞ 자발적 동기
내면에서 원하는 생각 꺼내기 ☞ 수용적 접근
내면에서 일어나는 마음의 생활 찾기 ☞ 수평적 분위기

▼

사랑의 줄기를 구성하는 새로운 빛의 생활

말씀으로 살아가는 생활 주제 모으기 ☞ 점진적 접근
찬양하는 생활의 은혜 채우기 ☞ 공감대 형성의 연합
기도하는 생활의 방법 세우기 ☞ 열려있는 대화의 문

▼

지혜의 가지로 확장하는 다양한 체험의 생활

믿음생활 가운데 필요한 말씀의 교훈자료 모으기
사랑의 체험을 통한 다양한 접점을 형성해 나아가기
소망을 향한 다각적 접근의 연계로 확장해 나아가기

▼

소망의 열매인 달란트를 강점으로 개발하는 생활

체험생활에서 확장된 새로운 말씀의 주제로 접근하기
체험생활에서의 깨달음과 감동의 느낌을 표현하기
체험생활과 연계된 새로운 마음의 지혜를 구하고 찾아가기

1단계

사랑의 씨앗을
심는 교육

주는 영이시니
주의 영이 계신 곳에는
자유함이 있느니라
[고후 3:17]

자발적 동기 유발의 행복

자유함으로
걸어가는 기쁨

우리의 마음에 가장 큰 행복은 언제 다가올까요? 하고 싶은 마음의 일을 할 때 가장 큰 행복이 솟아나지 않을까요? 결국 행복은 하고 싶은 마음의 소원과 깊은 관계가 있습니다.

세베대의 아들 야고보와 요한이 주께 나아와 여짜오되 선생님이여 무엇이든지 우리의 구하는 바를 우리에게 하여 주시기를 원하옵나이다. 라고 주님을 향해 말했을 때, 예수님께서 그들에게 하신 말씀은 다음과 같은 질문이었습니다.

이르시되 너희에게 무엇을 하여 주기를 원하느냐 [막 10:36]

하나님은 자녀를 향해 소원을 베푸시는 분입니다. 먼저 주의 뜻을 의지하는 마음에서의 소원에 대해 깊은 사랑으로 들여다보시고 들어주시며 인격적인 관계를 맺어주시는 분입니다. 예수님께서 인격적인 만남의 관계로 다가오시듯 전인교육에서의 부모와 자녀는 늘 자유의지를 배려하는 관계를 형성하고, 인격적인 만남의 섬김이 이루어지도록 존중해야 합니다.

전인교육은 자녀의 행복을 위해 활짝 열려있는 문을 하나씩 찾아서 열고 들어가는 사랑의 길입니다. 그 길은 하나님의 인도를 따라 오직 자유함으로 걸어가는 기쁨이어야 합니다.

지혜의 눈

교육의 시작은 언제나 자발적 동기에서 유발되어야 합니다. 주님이 바라보시는 마음의 자유의지에서 출발하는 동기가 상황을 그대로 받아들이도록 마음의 문을 열어주기 때문이며, 마음이 열리는 체험은 주어진 일을 용납하는 결단으로 내면의 마음을 다스리는 감동을 가져오기 때문입니다.

십자가 사랑으로 모든 죄를 용서받았음에 대한 은혜를 체험하는 내면의 감동은 자유의지 안에서 늘 하나님을 바라보고 살아가도록 인도받는 지혜의 눈을 활짝 열어주는 힘입니다.

1) 새로운 눈이 열리는 밝은 빛

자발적 동기가 스스로 다가서는 마음을 찾도록 도와주는 열쇠라고 한다면, 비자발적 동기는 타인에 의해 수동적으로 이끌려서 소극적인 마음의 방에 갇히는 안타까운 접근입니다.

자발적 동기를 부여받을 때는 존중받고 있다는 마음의 신뢰가 일어나므로, 주님 앞에 스스로 나아가 함께 연합하고 동참하려는 마음의 감동으로 살아가게 합니다. 자유의지에서 깨닫는 주의 말씀은 하나님이 늘 함께 하시는 은혜를 체험하면서 영적인 삶을 향해 새로운 눈이 열리는 밝은 빛입니다.

비자발적 동기에서 살아가는 자녀는 부모가 유도하고 지시하는 방향으로 끌려가는 수동적인 마음을 지닙니다. 곧 일상생활에 대한 기쁨을 모르고 말씀을 들어도 반응하지 않으며, 가족에 대한 불신과 더불어 신앙생활마저 불안정해져서 하나님의 은혜를 깨닫지 못하고 살아가는 안타까운 삶입니다.

소망이 더디 이루게 되면 그것이 마음을 상하게 하나니
소원이 이루는 것은 곧 생명나무니라 [잠 13:12]

2) 용납받는 사랑에서 일어나는 마음의 용기

매일의 생활에서 자발적 동기로 임하는 자녀는 스스로가 하나님 사랑 안에서 용납받고 있음을 깨닫고, 말씀을 따라 순종으로 살아가는 적극적인 태도로 마음의 용기를 얻게 됩니다.

성경적 전인교육에서의 가장 큰 열쇠는 십자가의 은혜와 사랑으로 하나님을 찬양하고, 감사로 기도하면서, 주를 위해 살아가는 기쁨으로 순종하는 마음의 결단을 드리는 것입니다. 자유의지를 존중받는 신뢰의 힘이 순종의 씨앗으로 심겨져 행복한 나무에서 교육의 열매를 맺도록 도와주기 때문입니다.

또 네가 어려서부터 성경을 알았나니
성경은 능히 너로 하여금 그리스도 예수 안에 있는 믿음으로 말미암아 구원에
이르는 지혜가 있게 하느니라 [딤후 3:15]

"선생님! 잠깐만요!"

교실에서 개인별 맞춤 수업활동을 시작하려는 순간 12살 여자 아이 유리가 말했다. "선생님! 잠깐만요!" 그리고는 교실 구석구석으로 열심히 무언가를 찾아다닌다. 그러다가 돌아와서 다시 수업하자고 하면 또 일어나 움직이면서 하는 말, "선생님, 잠깐만요!"

인형같이 초롱초롱한 커다란 눈망울을 가진 예쁜 유리는 아주 애교 있게 기다려달라고 말하고는 또 일어나서 무엇인가를 찾아다닌다. 보통 거의 20-30분이 그렇게 지나가곤 했다.

하지만 무언가를 찾아다니는 모습이 너무 열심이어서 부를까? 기다릴까? 망설이다가 "유리야! 언제 오니?"라고 물으면, 또다시 예쁘고 상냥한 목소리로 "선생님! 잠깐만요!"를 외치고 오는 듯 보이다가 금방 또다시 그다음 교실로 바쁘게 왔다 갔다 하는 시간의 연속이 계속되는 것이었다.

그러던 어느 날 상자 안에서 여러 무늬의 색종이를 발견하더니 너무 좋아하면서 자기에게 조금만 달라고 했다. "그래! 얼마든지 가져 유리야! 그런데 오늘 활동은 언제쯤 시작할까?"라고 묻는 순간 어느새 유리는 또 다른 곳으로 이동하는 듯 "잠깐만 기다리세요!"라는 말을 남기고 사라졌다.

이윽고 잠시 후에 유리가 돌아왔다.

"이제 됐어요! 선생님! 이거 받으세요!"

손에 들고 있는 것은 색종이를 접고 꾸며서 만든 예쁜 연필꽂이였다. 초등학생의 작품이라고는 도저히 믿을 수 없도록 색상의 구성이 아름다웠고, 연필이 들어가는 칸이 많았으며, 디자인이 너무나 훌륭하고 세련된 실용적인 연필꽂이였다.

"혹시 이거 선생님 주려고 만든 거야?"라고 살며시 묻자,

"네! 아무한테도 보여주지 말고, 선생님 혼자만 잘 쓰세요!"라고 대답하는 것이었다.

그 후에도 유리는 수업활동을 시작하기까지 "선생님! 잠깐만요!"를 거듭 외치며 계속 돌아다니는 여전히 지극히 활동적인 성격이었는데, 무엇이든 열심히 찾기를 좋아하고 발견한 것으로 다양하게 꾸며서 새로운 것을 연출해내는 특별한 감각이 뛰어났다. 그 시간들 속에 어느새 유리는 그 소질들이 꾸준히 계발되는 소중한 체험으로 마음이 안정되어가고 있었다.

무언가를 찾아내면 어떤 소재든지 응용해서 열심히 오리고 붙이고 그림과 글씨로 장식하면서 행복한 시간을 보내느라 결국 그 날에 계획된 활동은 아주 조금밖에 해내지 못했지만, 스스로 원하는 활동을 우선적으로 할 수 있도록 제공받은 자기주도적 수업시간이 꼭 필요했던 유리였기에 스스로의 강점을 키워가는 행복하고 유익한 시간이 되었던 것이다.

어느 날 "이 다음에 어떤 사람이 되고 싶니?"라고 물었더니 "나중에 교회 유치원 선생님이 될지도 몰라요!"라는 확신에 찬 명쾌한 대답을 하는 유리의 행복한 얼굴을 바라보면서 꼭 맞는 꿈을 가졌다는 반가움으로 응원할 수 있었다.

살아있는 교육은… 스스로 행복을 찾아가는 소중한 시간을 이루도록 깊은 신뢰에서의 상호작용 가운데 평안이 계속 쌓여가야 한다.

만일 유리에게 그 시간들을 기다려주지 않고 재촉하거나 야단치면서 억지로라도 수업활동에 임하도록 잡아끌었다면, 할 수 없이 마지못해 수업에는 참여했겠지만 활동에 대한 흥미 유발이나 집중력의 효과는 아주 미흡하고 힘들었을 것이다.

사실 처음 만났을 때, 유리는 어떤 활동도 하기 싫어했고 무엇이든 시작하면 집중하는 시간이 단 3분도 안 될 만큼 활동에 임하는 태도가 심각하게 불안정한 상태였음을 기억한다.

대부분의 어린이가 흥미와 의욕이 있을 때 자신에게 주어진 일에 대해서는 행복을 느끼지만, 하고 싶지 않은 일을 억지로 강요받을 때는 지극히 불행한 시간으로 받아들이므로, 아주 조심스럽게 접근하는 지혜가 필요하다. 순수하고 깨끗한 어린 마음을 소중히 지켜주고 자유의지로 주님 앞에 나오도록 이끌어줄 때 교육의 열매는 행복나무에 주렁주렁 맺힌다.

유리의 마음속엔 정말 순수하고 깨끗한 비밀이 있었다. 그것은 내면에 일어나는 욕구가 너무 많아서, 한 가지 활동에 몰입할 수 없도록 잡아끄는 호기심이 동시에 마구 솟아오르는 것이었는데, 결국 그 마음은 또다시 새로운 것을 찾아 나서도록 내면에서 밀어주는 놀라운 지혜의 무한한 능력이었다.

주께서 너희 마음을 인도하여 하나님의 사랑과
그리스도의 인내에 들어가게 하시기를 원하노라 [살후 3:5]

마음을 헤아려주고 기다려 주는 교사에게 유리가 따로 전하는 말은 없었지만, 자신이 만든 소중한 연필꽂이를 선물하면서 "아무한테도 보여주지 말고 숨겨놓고 혼자만 잘 쓰세요!"라고 했던 말 속에는 선생님과의 특별한 관계에 대해 깊이 감사하는 마음과 교사와 친구처럼 지내고 있음에 대한 비밀의 관계를 표현하는 신뢰의 마음이 보인다. 아직도 유리는 "선생님! 잠깐만요!"를 외치며 생활하지만 스스로 다가와서 수업을 시작하는 경우가 많아졌고, 활동에 젖어들면 30-40분 정도는 편하게 집중하는 행복한 활동 시간을 누리고 있다.

학습자에게 지혜로 다가가는 살아있는 교육이란…
마음 깊은 곳에 숨어있는 비밀한 내면의 강점을 찾고 개발하도록,
하나님 사랑의 보살핌으로 도와주면서,
스스로 다가와 적극적인 태도로 임하기까지,
항상 오래 참음의 인내로 끝까지 기다려주는 배려가 되어야 한다.

"자발적 동기유발"

* 자발적 동기유발의 중요성

· 자발적 동기 : 어린이 스스로에 의해 자발적으로 이루어지는 동기

☞ 어린이 스스로 접근할 때까지 마음을 존중하고 기다려 준다.

· 비자발적 동기 : 교사에 의해 수동적으로 이루어지는 동기

☞ 교사의 지시로 어린이가 원하는 요구를 상실시킬 수 있다.

* 어린이에게 나타나는 교육 현상 비교

자발적 동기	비자발적 동기
스스로 믿음을 찾으려고 한다	믿음을 키우지 못한다
기도하는 생활을 이루어간다	기도의 생활을 하지 않는다
말씀에 귀를 기울인다	말씀을 듣지 않으려고 한다
친구를 교회로 초대한다	교회에 가는 것을 싫어한다

* 어린이의 신앙생활 성장에 대한 교육

예수는 그 지혜와 그 키가 자라가며
하나님과 사람에게 더 사랑스러워 가시더라 [눅 2:52]

교육의 성장	교육훈련의 방법
· 지혜 : 지적 성장	* 자율적 훈련방법
· 키 : 육체적 성장	학생 스스로 이루는 내적훈련
· 하나님의 사랑 : 영적 성장	* 타율적 훈련방법
· 대인관계의 사랑 : 사회적 성장	형식으로 이루는 교사의 주입교육

* 자발적 활동을 배려하는 긍정적 강화의 교육이 유익하다.

<교회학교 활동사례> **"자유의지로 깨어나는 교회학교"**

활동제목 : 행복한 교회학교의 신앙생활 나누기		
첫 번째 활동 주제	기도	* 각자가 원하는 기도의 제목을 메모지에 적는다. * 원하는 순서대로 자신의 기도제목을 한 사람씩 읽고 모두 함께 나눈 후에 접어서 바구니에 넣는다. * 감동이 오는 대로 한 사람씩 바구니에서 메모지를 꺼내어 기도제목을 읽고 은혜를 전한다. 다 끝난 후에는 메모한 사람과 읽은 사람이 기도의 짝이 된다.
두 번째 활동 주제	말씀 공부	* 말씀의 주제를 들은 후에 그동안의 생활과 관련하여 주제에 대한 자신의 이야기를 자유롭게 나눈다. * 성경 말씀을 읽으면서 마음에 다가오는 감동과 자신들의 생활을 연결하여 솔직한 마음으로 교제한다. * 말씀을 배우고 받은 깨달음으로 새 힘을 얻은 기쁨의 생활을 이루도록 결단하는 마음을 주고받는다.
세 번째 활동 주제	찬양 과 워십	* 좋아하는 찬양과 워십 제목을 메모지에 적는다. * 오늘 진행할 순서에 대해 함께 자세히 의논한다. * 모두가 참여하여 찬양과 워십의 진행에 필요한 준비를 하면서 순서를 맡고 함께 순서지를 꾸민다. * 함께 준비하면서 모두가 서로 연합하는 기쁨과 감사를 드려 찬양과 워십으로 하나님께 영광 돌린다.
네 번째 활동 주제	전도	* 하나님의 자녀로서 살아가는 삶에 대해 서로 나눈다. * 가정과 학교, 교회생활에 대한 마음을 주고받는다. * 교회에 다니지 않는 이웃에게 그리스도인의 행복을 소개하기 위한 은혜의 생활을 나누도록 준비한다. * 전도 대상자의 이름을 함께 나누어 가지고 기도한다. * 전도하기 위한 활동의 순서를 준비하고 진행한다.

* 교사와 어린이 모두가 함께 연합의 기쁨으로 진행한다.

사랑의 가지가
자라는 교육

화평케 하는 자들은
화평으로 심어
의의 열매를 거두느니라
[약 3:18]

수평적 관계의 화평

그리스도와 교제하는
마음의 평안

인간의 삶에서 가장 중요하게 자리 잡아야 할 것을 찾아보라고 한다면 대부분의 사람은 마음의 평안을 말할 것입니다.

하지만 매일의 바쁘고 복잡한 삶 가운데 가정, 학교, 사회, 교회의 생활을 하고 있는 요즈음의 삶에서는 서로에게 유익한 교제로 힘이 되는 진실한 인간관계의 형성을 찾기가 어려운 때입니다.

하나님은 그리스도인들이 십자가의 사랑으로 서로 돕고 의지하면서 연합하여 살아가기를 늘 기다리십니다. 부모는 자녀를, 자녀는 부모를, 서로 용납하고 끌어안으며, 예수 안에서 수평적 관계를 형성하여 늘 협력하는 관계로 의지할 때입니다.

> 너희를 불러
> 그의 아들 예수 그리스도 우리 주로 더불어 교제케 하시는
> 하나님은 미쁘시도다 [고전 1:9]

그리스도와의 교제는 하나님 뜻을 따르기 위한 연합이며, 사랑으로 화해하는 관계 속에서 평안을 지키는 온전한 믿음의 생활입니다.

그리스도 가정에서의 부모와 자녀는 십자가 사랑으로 하나 되는 연합 가운데 평안을 누리고, 화해하는 관계를 맺도록 늘 말씀을 따라 실천하는 생활로 깨어서 살아가야 합니다.

평안으로 뻗어나가는 가지

그리스도 안에서 수평적 인간관계의 질서를 지키는 것은 심리적 권위가 일어나지 않도록 힘이 큰 부모가 먼저 마음을 열고 힘이 작은 자녀의 마음을 살펴주면서 평안하도록 돕는 것입니다.

완전한 사람을 살피고 정직한 자를 볼지어다
화평한 자의 결국은 평안이로다 [시 37:37]

화평케 하는 자가 되기 위해 화평으로 심어 의의 열매를 거두도록 온전히 하나 되지 못하는 세상의 관계 즉 부모와 자녀의 관계를 내려놓습니다. 그리고 그리스도 안에서 하나 되는 진실한 사랑을 나누기 위해 새로운 관계를 맺도록 십자가에 마음을 내어놓기로 결단하고 순종하는 것입니다.

심리적 권위가 일어나지 않을 때에는 부모와 자녀가, 교사와 학생이, 가진 자와 없는 자가, 하는 자와 못하는 자가 마음의 장벽을 허물고 그리스도의 화평 가운데 평화로운 사랑의 가지가 뻗어나가도록 도와주고 협력할 수 있기 때문입니다.

그때에 공평이 광야에 거하며 의가 아름다운 밭에 있으리니
의의 공효는 화평이요
의의 결과는 영원한 평안과 안전이라 [사 32:16-17]

화평을 이루는
수평적 관계의 교육

그리스도의 평강 안에서 화평을 이루는 수평적 관계의 교육은 상호 보완적이고 협력적인 분위기이며, 편안하게 열려있는 이해와 배려 가운데 공평하신 하나님 뜻을 따라 성장하는 길입니다. 그러나 수직적 관계의 교육은 명령과 복종으로 한마음을 이루지 못하므로 의의 열매를 맺지 못하는 길입니다.

> 예수 그리스도로 말미암아 의의 열매가 가득하여
> 하나님의 영광과 찬송이 되게 하시기를 구하노라 [빌 1:11]

제자를 섬겨주신 예수님의 사랑은 수평적 관계에서의 교육입니다.

첫째, 항상 서로를 감싸주고 섬기는 사랑으로 대화하며, 마음 문이 활짝 열리도록 격려하는 열린 생각의 교육

둘째, 십자가로 맺어진 관계에 대한 신뢰를 쌓아가도록 깊은 배려 안에서 화평으로 교제하는 열린 마음의 교육

셋째, 하나님 말씀 안에서 순종하는 생활을 배우며, 항상 자기를 부인하고 낮아지도록 실천하는 열린 생활의 교육

의인의 입은

지혜를 말하고 그 혀는 공의를 이르며

그 마음에는

하나님의 법이 있으니 그 걸음에 실족함이 없으리로다

[시 37:30-31]

"외로운 마음을 쏟아내는
아이들 곁에서…"

누가 우리 마음 알아주나요? 공부는 좀 나중에 하면 안 되나요? 지금은 아주 많이 놀고만 싶어요! 재미있는 것 실컷 하게 해줘요! 우리가 원하는 것 아무도 받아주지 않았어요! 부모님도 모르시구요! 아무도 알아주는 사람이 없었어요! 언제나 지금처럼 하고 싶은 것 찾아다니느라 가슴이 터질 것만 같아요! 외로워서 멀리멀리 아주 멀리 떠나고 싶었어요!

한 주가 시작되고 언제나와 같이 외로움과 욕구불만 속에서 몸부림치는 학생들 앞에 서면 그들의 외침 속에…, 주님의 음성에 귀를 기울이면서… 아이들에게 새롭게 전해 줄 분명하고 시원한, 그리고 살아있는 희망의 말을 찾아야만 했다.

주님은 이렇듯 외로운 마음을 마구 쏟아내는 아이들을 내려다보실 때, 교사로서의 우리가 그들에게 어떻게 다가가기를 진정 원하실까? 주님의 음성을 애타게 기다리면서 준비한다.

"선생님은 너희의 마음에 평안이 있었으면 좋겠어. 그 무엇 때문에

뒤집히지 않고, 그 누구 때문에도 빼앗기지 않는 참 평안 말이야. 너희를 바라보는 선생님 마음의 소원이란다."

이미 굳게 닫혀버린 그들의 마음속에 조심스럽게 들어가도록 대화의 문을 여는 유일한 방법으로는 아이들 마음을 사랑이라는 연합으로 두드리면서 조용히 다가가는 것뿐이었다.

"선생님은 아무도 몰라주는 외로운 우리 마음이 평안할 수 있다고 생각하세요?" 아이들은 혼자 있어도 항상 우리라고 말한다. 말 안 듣는 문제아로 혼자가 되면 불리해지고 왕따가 될 수도 있다는 불안과 두려운 생각이 크기 때문이다.

"그래, 맞아! 아무도 너희 마음 몰라주고 받아주지 않는 그런 세상에 있지 말자. 그리고 우리 마음 깊은 곳까지 자세히 들여다보시고 가까이 다가오시는 주님을 만나러 가자! 이젠 하나님 세상에서 참 평안을 찾고 기쁨을 누리자는 거야!"

정말 그랬다. 언제나 힘들어하는 그 아이들을 생각하면서 십자가 앞에 매달려 간절히 기도했던 바로 그 마음이었다.

"선생님도 세상에서 왕따가 되었을 때 너무 외로워서 매일 십자가 앞에서 울며 기도하다가 주님을 만났거든! 아무도 없었고 선생님 혼자 외로웠을 때 가까이 계신 주님을 만났는데, 선생님이 제일 힘들었을 때 주님이 아픈 마음을 따뜻하게 만져 주셨어! 그 사랑과 위로가 너무

크고 소중했기 때문에 그 은혜를 나누기 위해 지금 너희와 함께 있는 거란다."

　정말 그 마음을 느끼었는지 아이들은 언제나 힘들다고 몸부림치면서도 교사에게는 자신들과 함께 사랑을 나누도록 하나님께서 보내주신 선생님이라는 믿음을 가지고 있었다. 그 믿음의 신뢰가 바로 예수님을 이 땅에 보내주신 하나님 아버지에 대한 소중한 사랑의 체험이 되리라고 믿고 기도했다.

> 평안을 너희에게 끼치노니 곧 나의 평안을 너희에게 주노라 내가 너희에게 주는
> 것은 세상이 주는 것 같지 아니하니라
> 너희는 마음에 근심도 말고 두려워하지도 말라 [요 14:27]

　사실 아이들과의 사이에 신뢰가 쌓이기를 기다리면서 그들의 마음이 움직일 때까지 얼마나 오랜 시간을 끌어안고 받아주면서 눈물을 흘렸는지 모른다. 그 마음을 아이들은 몰라도 주님이 모든 것을 아시리라 믿었기에, 또다시 새 힘을 얻고 터질듯한 그들의 함성 속에서 함께 지낼 수 있었다.

　그러던 어느 날이었다. "선생님의 마음을 느낄 수 있어요. 우리가 선생님과 함께 있을 때는 맘이 편해요. 그래서 선생님과 함께 계속 살았으면 좋겠어요."라고 말하는 것이었는데, 그 순간 그 아이들이 세상에서 가장 소중하게 느껴졌다.

　실제로 그 아이들의 생활에서는 거의 모든 것을 건드리지 않고 덮

어둔 채 꾸중도 될수록 아끼고 그냥 지나가야 했다.

왜냐하면 그들의 메마른 마음이 주님 사랑으로 촉촉이 적셔질 수 있도록 마음 문을 활짝 열어 놓는 작업이 진행되도록 모든 것을 용납하는 관대함을 계속 베풀어야 했기 때문이다.

하지만 때로 아이들이 심하게 충돌했을 때는 주님의 진실하신 사랑으로 화해하기를 강하게 권면했고, 또한 아이들이 예민해져서 분노를 쏟을 때는 말씀의 힘으로 그들의 흥분을 안정시키면서 있어야 할 것과 버려야 할 것에 대해 엄하게 가르치고 분명한 깨달음을 얻도록 크게 꾸짖기도 했다. 그런데 놀랍게도 그런 때에는 "저희를 위해 많이 애쓰시는 선생님이 불쌍해요! 선생님 미안해요!"라고 말해 주는 것이었다.

그들의 마음속에 새겨진 교사와의 신뢰가 야단맞는 마음을 허락하도록 이끄는 기적과 같은 일이 가장 큰 선물이었다. 아이들은 그렇게 자발적 동기에서 아주 조금씩이지만 스스로 변화하고 있었다. 또 한 주를 시작할 때, 외로운 마음을 쏟아내는 아이들 곁에서 주와 함께 살아감을 진정으로 감사함은, 지금 함께 하는 모든 아이들이 언젠가 그들 속에 체험된 하나님의 사랑을 되찾고, 세상에 나아가 그 사랑을 전하는 자들로 세워질 간절한 소망을 바라보고 있었기 때문이다.

그들이 외치는 사랑의 표현, "선생님! 우리 끝까지 함께 살아요!"라는 평화가 그들을 소망 가운데 지켜 주리라 믿는다.

"수평적 관계"

* 수평적 관계의 중요성

· 수평적 관계의 상호작용은 하나님 안에서 화평을 이룬다.

· 수평적 관계의 교육은 하나님 뜻을 따라 연합하는 힘이다.

· 심리적 권위가 낮은 수평적 관계의 교사와 학생은 하나님 앞에 동등한 제자의 길을 가는 친구로서 하나가 되는 열매를 맺는다.

* 수평적 관계와 수직적 관계의 특성

수평적 관계	수직적 관계
함께 마음을 연합하는 관계이다	서로의 마음을 나누지 못한다
서로 사랑으로 도와주는 관계이다	시키는 일만 겨우 하고 끝내버린다
마음을 열고 서로에게 편안하게 다가선다	마음을 열지 못하고 돌아서버린다
함께 기도하면서 서로의 마음을 이해하고 받아준다	혼자 고립되는 생각을 하거나 부정적인 태도를 보인다
넓은 마음의 그릇으로 성장한다	모든 것을 자신의 입장에서 생각하고 한계에 부딪치면서 포기하려 한다

* 수평적 관계를 이루는 방법

신앙생활 존중	학생의 신앙생활을 늘 존중하고 배려하면서 주 안에서 은혜를 주고받는 연합의 관계를 이루어 간다.
신뢰감 형성	주님의 마음을 나누는 교제로 서로 간의 신뢰를 형성하고, 늘 배려하는 마음을 놓치지 않기 위해 마음을 존중한다.
솔직한 마음 표현	십자가 앞에서 약점을 솔직히 인정하는 낮은 마음의 교사로 학생에게 다가가 수평적인 관계를 형성한다.
교제의 관계	하나님과 하나 되는 연합의 사랑으로 학생의 마음을 두드리고 가까이 다가가서 교제를 나눈다.
약속 지키기	항상 서로의 약속을 존중하고, 끝까지 믿음을 지키는 관계가 되도록 늘 말씀 안에서 교제한다.
학생의 선택기회	무엇을 하든지 먼저 학생이 선택하도록 기회를 주고, 스스로 기도하면서 준비하는 시간을 가지도록 기다려준다.

"수평적 관계"

활동제목 : 문제를 해결하는 신앙생활 훈련		
첫 번째 활동 주제	시험에 들었을 때 해결하기	* 마음의 상태를 그림으로 그려서 표현하기 * 마음의 움직임을 단어로 표현해서 연결하기 * 마음을 모두 털어놓고 인터뷰에 응하기 * 공감대를 형성하도록 깊은 마음으로 교제하기 * 하나님께 올리는 자신만의 독백 편지 쓰기
두 번째 활동 주제	충돌이 생겼을 때 해결하기	* 일어난 상황에 대한 설명을 그림으로 그리기 * 그림 안에 자세한 대화를 말풍선으로 달기 * 마음의 행복을 찾는 방법을 연구하여 말하기 * 화해하기 위해 서로 편지를 나누고 화해하기 * 마음의 귀를 열고 하나님이 하시는 말씀 듣기
세 번째 활동 주제	서로 간의 마음을 교제하기	* 질문에 따라 앙케이트로 답을 작성한다. - 행복/불행/기쁨/슬픔/소망/감사/사명 * 큰 종이에 자신의 마음을 자유롭게 표현한다. * 열린 대화로 나누면서 각자의 체험을 전한다. * 하나님과의 깊은 교제를 서로에게 소개한다.
네 번째 활동 주제	강점 찾고 성향 나누기	* 자신에게 있는 강점을 준비해서 발표한다. * 서로 상대방의 강점에 대해 관심 있게 나눈다. * 자신의 성향에 대해 글짓기로 발표한다. * 서로 상대방의 성향에 대해서 깊이 교제한다. * 말씀을 통해 달란트에 대해 깊이 듣고 나눈다.

* 모든 진행에서의 교사와 학생은 가장 가까운 친구가 된다.

3단계

사랑의 줄기가
뻗어나가는 교육

모든 겸손과 온유로 하고
오래 참음으로 사랑 가운데서
서로 용납하고
[엡 4:2]

수용적 관계의 신뢰감

믿음을 지켜주는
관계입니까?

   하나님 안에서 함께 살아가는 부모와 자녀의 관계는 서로를 신뢰하는 마음으로 믿음을 지켜주는 관계가 되어야 합니다.

   믿음을 지켜주는 관계는 거룩한 믿음 위에 자신을 건축하고 성령으로 기도하면서 상대에게 다가가는 관계를 말합니다.

> 사랑하는 자들아 너희는 너희의 지극히 거룩한 믿음 위에
> 자기를 건축하며 성령으로 기도하며 [유 1:20]

   하나님은 우리가 그리스도 안에서 간구하는 소원을 다 들어주시는 아버지 마음으로 오셔서 문 앞에서 기다리시는 분입니다.

   그리스도 가정의 부모는 자녀의 마음에서 원하는 것을 수용하도록 기도로 준비하고 가까이에서 기다려 주어야 합니다.

> 내가 문밖에 서서 두드리노니
> 누구든지 내 음성을 듣고 문을 열면 내가 그에게로 들어가
> 그로 더불어 먹고 그는 나로 더불어 먹으리라 [계 3:20]

   주님의 진정한 소망을 바라보면서 자녀가 행복한 길을 가도록 양육하는 부모는 자녀의 마음을 깊이 들여다보고 유익한 요구에 반응함으로 수용적 관계 안에서 함께 가는 것입니다.

어린아이들을 용납하고 내게 오는 것을 금하지 말라
천국이 이런 자의 것이니라 [마 19:14]

1) 수용적 관계를 맺는 지혜

첫째, 주를 섬기듯 자녀를 섬기는 부모의 마음으로 교제합니다.

둘째, 십자가 앞에 자녀의 상황을 모두 내려놓고 다가갑니다.

셋째, 자녀에 대한 기대의 마음을 비우고 기도로 다가갑니다.

넷째, 자녀의 반응을 수용하면서 주의 사랑으로 권면해줍니다.

다섯째, 옳고 그름에 대한 판단을 내려놓는 지혜로 기도합니다.

여섯째, 자녀가 좋아하는 것과 싫어하는 것을 끌어안아 줍니다.

일곱째, 자녀가 잘하는 것과 못하는 것을 배려하고 도와줍니다.

여덟째, 자녀의 정신적, 육체적 상태를 믿음으로 수용합니다.

2) 수용적 부모가 맞이하는 수용적 자녀

그리스도 안에서 용납하는 수용적 부모의 자녀는 수용적 성향을 지니며 정서가 안정되어 있어 내면의 기쁨을 나누고 연합하는 마음으로 생활합니다. 하나님을 향한 믿음과 사랑으로 모두에게 친절하게 대하면서 올바른 대인관계를 형성하게 됩니다.

거부적 부모의 자녀는 반항적이고 불안정한 성격을 지니며 공격적 입장에서 싸움을 잘합니다. 주위 사람들로부터 관심을 끌려고 하지만 늘 욕구불만으로 마음 문을 닫고 타인에게 무관심한 태도를 가집니다.

자신에 대한 불만이 커지면서 가족과 교회에 대한 불만을 가지게 되고 고립되어 갑니다.

3) 수용적 부모로서 전인교육에 힘쓰는 방법

① 하나님 사랑 안에서 마음이 자라도록 도와줍니다.
② 하나님 안에서 마음의 움직임을 폭넓게 이끌어 줍니다.
③ 하나님 시각에서 주변의 상황을 깨닫도록 도와줍니다.
④ 하나님 안에서 다양한 생각의 기회를 가지게 합니다.
⑤ 하나님 뜻을 따라가는 체험을 통해 활동을 확장시켜줍니다.
⑥ 하나님께서 인도하시는 삶을 따르도록 순종으로 보살핍니다.
⑦ 하나님을 바라보는 마음의 변화에 관심을 표현해줍니다.

4) 수용적 부모와 자녀와의 관계

그리스도 사랑의 부모 안에서 참된 그리스도의 자녀가 탄생합니다. 완전한 하나님 사랑으로 자녀의 마음을 받아줄 수 있기 때문이며, 소망의 빛 가운데 생활하면서 늘 기쁨과 담대함을 얻는 축복 속에 살아갑니다. 자신을 용납하는 부모의 사랑을 깨닫는 체험으로 하나님을 향한 신뢰를 쌓아갑니다.

하나님 안에서 부모와 자녀가 함께 믿음생활을 이루어 가는 특권은 세상의 유혹과 시험이 다가와도 연합의 기도로 승리할 수 있는 것입니다. 믿음 안에서의 신뢰감은 가정에서, 학교에서, 사회로 확장되며, 세상을 향해 폭넓은 마음의 눈과 귀를 열어주어 내면의 힘으로 모든 것을 이기게 합니다.

"엄마와 딸의 줄다리기"

이제 곧 중학생이 되는 딸을 둔 아주 많이 힘든 엄마입니다. 누구나 다하는 공부인데 우리 아이는 왜 그렇게 공부를 싫어할까요? 하루 종일 친구들하고 노는 것만 좋아하고, 밤이 늦어야 가까스로 집에 들어오는데, 토요일에도 집에서 빠져나갈 궁리만 하고 결국 못 나가면 심통만 부립니다. 주일에는 예배가 끝나도 집에 오지 않고 밤이 늦어야 들어옵니다.

딸아이의 마음을 바꿔 보려고 여러 가지 방법으로 안간힘도 써봤고, 친구들과 멀어지게 하려고 방과 후 학습을 중단시켜서 학교가 끝나면 바로 집에 오도록 만들기도 했는데, 처음엔 조금 나아지다가 결국 원래 상태로 돌아가 버립니다.

우리 아이는 왜 다른 아이들처럼 평범하지 못할까요? 아무리 야단쳐도 안 되고 타일러도 안 되니, 이젠 엄마로서 겨우 참다 못해 너무너무 화가 나서 도저히 견딜 수가 없습니다.

엄마와 딸의 줄다리기로 안타까운 상황 앞에서 교사는 생각했다.
과연 지금의 줄다리기에서 엄마와 딸 중 누가 더 힘들까?
결국 누가 먼저 자신의 마음을 포기하고 받아들이게 될까?

공부를 시키려고 애를 쓰는 엄마의 요구와 자유롭게 놀기만을 찾아 헤매는 딸의 모습은, 상대를 이해하거나 받아들이려는 노력 보다는 서로의 마음으로 잡아끌면서 팽팽히 맞서고 있기 때문이다.

마치 어린 나뭇가지가 흠뻑 쏟아지는 빗물을 맞고 휘청거리는 느낌이다. 나무에 물이 꼭 필요하듯이 부모의 보살핌은 정말 소중하지만, 힘없는 어린 나무가 흠뻑 쏟아지는 빗물의 힘을 지탱할 수 없어 피하려고만 애를 쓰는 안타까운 경우처럼 보여지는 것이다.

자녀에게 강하게 요구하는 부모의 입장과 말을 듣지 않고 고집으로 탈출하고 싶은 자녀의 상대적 입장이 서로에게 고통이 되며, 점점 무거워지는 마음의 단단한 문이 되어 결국 닫혀버리게 된다.

"또 아비들아
너희 자녀를 노엽게 하지 말고
오직 주의 교양과 훈계로 양육하라" [엡 6:4]

자녀의 마음에 깊은 사랑의 힘이 필요합니다. 자신의 마음을 수용적으로 받아줄 사람을 애타게 찾고 있기 때문입니다.

내면의 마음을 나누고 싶은 친구와 함께 시간을 보내며 즐거운 생활을 이루고 싶은 애절한 마음이 주말에조차 집에 있기를 거부하고 친구들을 찾아 나서게 만드는 것입니다. 그러므로 놀러 다니려고만 한다는 결론을 내리시기보다 뭔가 마음의 갈급함을 헤아리는 관심으로 다가가야 할 때입니다.

이 시기에 수용적인 부모의 사랑을 받지 못한다고 느끼는 생활이 지속되면, 모두 거부하고 싶은 심리적인 부담으로 의욕과 자신감을 상실하면서 공부도 점점 더 멀리하게 됩니다.

만일 그렇게 계속 불만이 쌓이면서 시간이 흐르게 되면 결국 부모와 타인에게 모든 원망과 불만을 쏟아내는 안타까운 결과를 부를 수도 있습니다. 특히 사춘기에 심리적인 부담을 크게 받는 청소년들은 집을 벗어나 멀리 떠나고 싶은 충동이 일어나 실행으로 옮기는 엄청난 일이 생기기도 합니다.

하지만 바로 이런 시점이 가족 모두에게 그리스도 사랑으로 새로운 관계를 찾는 회복의 큰 전환점이 될 수도 있습니다.

그리스도의 사랑으로 받아주고 감싸주면서 예수 안에서 하나 되는 연합을 이루기 위해 서로 존중하는 마음으로 함께 기도하는 은혜로 가정예배를 시작할 수 있기 때문입니다.

우리가 선을 행하되 낙심하지 말지니
피곤하지 아니하면 때가 이르매 거두리라 [갈 6:9]

자녀는 부모와의 경험을 통해 신뢰를 배워나갑니다. 하나님의 사랑으로 양육하는 부모로부터 그리스도의 사랑을 느끼고, 하나님을 신뢰하는 마음이 자라면서, 하나님의 사랑 안에서 부모와 자녀가 하나 되는 연합을 이루어가는 것입니다.

지금의 상황에서는 자녀의 부정적인 반응에 관심을 쏟으시도록 마음을 전환하는 것이 정말 중요합니다. 자녀의 마음과 생활을 자세히 들여다보시면서 진정 자녀의 마음에 힘이 될 수 있는 일을 찾고, 자녀와 함께 그 일을 이루어간다면 어느새 줄다리기가 끝나고 같은 편에서 연합하게 될 것입니다.

> 그러므로 우리는 기회 있는 대로 모든 이에게 착한 일을 하되 더욱 믿음의 가정들에게 할지니라 [갈 6:10]

자녀의 마음이 긍정적으로 전환되도록 마음을 열고 받아주시면서, 모든 부분에 인내를 가지시고 조심스럽게 점진적으로 다가가실 때 스스로 공부하려는 마음을 가질 것입니다.

또한 친구들을 그토록 좋아하고 지나치게 찾아나서는 것은 대인관계에 대한 강점이 높기 때문으로 사랑을 나누는 체험의 개발이 될 수 있습니다. 곧 그 사랑의 교제가 강점으로 이루어질 수 있다는 가능성을 바라보시고, 무조건 막으시기보다 조금씩 수용하시는 마음으로 격려하시고, 절제를 권면하신다면, 자녀의 마음에 결정적인 감동이 일어날 것입니다.

결국, 친구들과 가족들에 대한 마음이 동시에 열려서 한쪽으로만 쏠리지 않게 조절하는 힘을 얻도록 격려하시어 자녀의 마음에 밝은 주님 사랑의 빛이 일어나게 될 것입니다.

자녀에게 가장 큰 위로와 격려는 사랑으로 받아주는 용납의 마음입니다. 보이지 않는 부모의 깊은 마음을 자녀가 느끼도록 가까이 다가가서, 주님께서 우리를 받아주신 사랑의 마음으로 안아주고 서로 털어놓고 나눌 때, 힘들었던 시간은 어느새 소중한 새로운 관계로 다가올 것이기 때문입니다.

> 너희는 하나님의 택하신 거룩하고 사랑하신 자처럼 긍휼과 자비와 겸손과 온유와 오래 참음을 옷입고 누가 뉘게 혐의가 있거든 서로 용납하여 피차 용서하되 주께서 너희를 용서하신 것과 같이 너희도 그리하고 이 모든 것 위에 사랑을 더하라 이는 온전하게 매는 띠니라 [골 3:12-14]

마음속에 솟아나는 기쁨의 샘은 주의 사랑으로 현실을 이기는 내면의 힘이며, 솟아나는 생수로 나누면서 다스리는 지혜의 길이다.

결국 중요한 것은 부모와 자녀 사이에 큰마음의 벽이 허물어져서 서로 이해해주고 받아주는 새로운 관계를 형성해야 하는 것이다.

더욱이 아직 성장기에 있는 자녀는 마음을 다스리는 힘이 부족하기 때문에 적응하려고 애쓰기보다 피하려 하기 때문에, 현재의 모든 상태를 들여다보고 점진적 접근으로 다가가는 것이 중요하다.

마음이 열려서 진실한 대화의 문이 열릴 때 서로에 대한 신뢰를 회복하게 되며, 그때에 비로소 상대의 마음과 생각을 이해하게 되고, 공통점과 차이점을 나눌 수 있으며, 엄마와 딸의 줄다리기가 끝나게 되면서 같은 편으로 새롭게 변화될 것이기 때문이다.

〈교사교육 자료〉 **"수용적 관계의 교육"**

* 수용적 교육의 중요성

· 하나님 사랑 안에서 모든 것을 용서하고 받아주는 교육
· 모든 상황을 용납하면서 함께 생활하는 연합관계의 교육

> 비판치 말라 그리하면 너희가 비판을 받지 않을 것이요
> 정죄하지 말라 그리하면 너희가 정죄를 받지 않을 것이요
> 용서하라 그리하면 너희가 용서를 받을 것이요 [눅 6:37]

* 수용적 교사의 교육방법

· 생각의 변화를 부르도록 다양한 말씀의 지혜로 일깨운다.
· 마음의 변화가 임하도록 사랑의 체험을 하도록 도와준다.
· 생활의 변화를 가지도록 실천하는 말씀생활을 훈련한다.

> 베드로가 가로되 내 발을 절대로 씻기지 못하시리이다
> 예수께서 대답하시되 내가 너를 씻기지 아니하면
> 네가 나와 상관이 없느니라 [요 13:8]

* 수용적 교사와 거부적 교사의 비교

수용적 교육의 반응	거부적 교육의 반응
마음을 열고 받아들이는 생활을 한다	받아들이기보다 등을 돌린다
안정된 믿음의 생활을 한다	의심하는 마음으로 불안을 느낀다
기도하면서 연합하는 마음으로 생활한다	자신의 입장을 양보하지 않으려고 미리 방어하면서 밀어낸다

수용적 교육의 반응	거부적 교육의 반응
늘 기뻐하면서 감사하는 생활을 한다	늘 불평하면서 관심을 받으려고 한다
서로를 믿는 마음으로 다가간다	마음의 여유를 찾지 못하고 스스로 불만스럽게 여긴다
누구에게나 친절한 마음으로 교제한다	일부러 모른 척하면서 반응을 하지 않는다

* 수용적 교사의 낮은 마음은 학생의 삶에 변화를 일으킨다.

〈교회학교 활동사례〉 "수용적 관계의 회복"

활동제목 : 마음에 쌓인 상처를 녹이는 교회학교		
1 활 동 주 제	고난 바라보기	* 십자가에 달리신 예수님의 삶 바라보기 * 주님의 고난과 나의 고난 바라보기 * 누구를 위해 받은 고난인지 바라보고 깨닫기
2 활 동 주 제	마음 느껴보기	* 예수님의 마음 느껴보기 * 자신의 마음 느껴보기 * 무엇을 위해 준비된 마음인지 느껴보기
3 활 동 주 제	마음 나누기	* 예수님은 누구와 마음을 나누셨을까? * 나는 누구와 마음을 나눌 수 있나? * 나눌 수 있는 상대를 바라보고 감사하기

활동제목 : 마음에 쌓인 상처를 녹이는 교회학교		
4 활 동 주 제	설명 고백 묻기	* 하나님 앞에 나아가 자신의 마음을 설명하기 * 지금 마음에 있는 아픔과 힘든 갈등 고백하기 * 예수님은 힘드실 때 어떻게 해결하셨는지 묻기
5 활 동 주 제	믿음 감사 회개	* 예수님의 고난과 사랑을 깨닫고 믿음 드리기 * 예수 십자가 희생의 사랑 앞에 감사드리기 * 십자가에 엎드려 지난날을 돌이키고 회개하기
6 활 동 주 제	기쁨 용서 찬양	* 하나님께서 용서해주신 사랑 앞에 기쁨 드리기 * 용서받은 사랑으로 용서하는 마음 키우기 * 화평의 마음으로 기쁨과 감사의 찬양 올리기
7 활 동 주 제	체험 화해 기도	* 고난을 사랑으로 이루신 십자가 은혜 체험하기 * 주님과 하나 되고 모든 사람과 하나 되기 * 예수 십자가의 보혈로 씻김에 감사기도 드리기

* 모든 진행에서 학생들은 서로 가장 가까운 사이가 된다.

사랑은 오래 참고
사랑은 온유하며

투기하는 자가 되지 아니하며
사랑은 자랑하지 아니하며
교만하지 아니하며

무례히 행치 아니하며
자기의 유익을 구치 아니하며

성내지 아니하며
악한 것을 생각지 아니하며
불의를 기뻐하지 아니하며

진리와 함께 기뻐하고

모든 것을 참으며
모든 것을 믿으며
모든 것을 바라며

모든 것을 견디느니라

[고전 13:4-7]

4단계

숨어있는 달란트를
개발하는 교육

각각 은사를 받은 대로
하나님의 각양 은혜를 맡은 선한 청지기같이
서로 봉사하라
[벧전 4:10]

점진적 교육의
강점 개발

마음속에서 솟아나는
감사의 샘

하나님께서는 각 사람의 내면에 소중한 재능을 심어 주셔서 하나님 나라 건설에 귀히 쓰임 받는 도구로 예비하셨습니다.

그 재능은 하나님 안에서 꼭 필요한 곳에 귀하게 쓰임 받는 강점이 되어 놀라운 힘을 발휘하는 것이며, 하나님께 영광을 돌리도록 내면에 선물로 보내주신 소중한 은혜의 샘입니다.

내면의 힘은 주의 뜻을 따라 샘솟는 체험으로 살아날 때 가장 큰 행복으로 다가옵니다. 각 사람 속에 자리 잡은 선물이 하나님의 뜻을 따라 예수의 피로 정결케 되어 다시 하늘로 올라가도록 온 맘으로 기도해야 합니다.

자녀에게 다가오는 가장 큰 소망은 각 개인 속에 깊이 숨어 있는 강점에서 솟아나오는 샘물입니다. 그 샘물은 현실에서 만나는 모든 일 가운데 할 수 있음에 대한 소망을 적셔 주는 확신입니다. 힘들 때도 늘 마음속에 자신의 새로운 삶을 향해 가능성을 바라보는 기쁨의 마음이 샘솟는 감사의 샘입니다.

전인교육은 하나님께서 인간을 창조하신 뜻을 따라 각 사람 속에 숨어있는 강점을 찾고 개발하는 기쁨 가운데 점진적으로 다가가는 교육이 유익합니다. 성령 안에서 잠잠히 걸어갈 때, 가질 것과 버릴 것을 분별하는 그리스도의 지혜로 승리할 수 있기 때문입니다.

한 걸음 한 걸음
주 예수와 함께

전인교육은 현재의 상태가 고려되는 것이 가장 중요합니다. 현재의 상태에서 조금 나은 상태로 변화되도록 진리의 길을 찾아 주님과 함께 한 걸음씩 걸어가는 동행이기 때문입니다.

그리스도 안에서의 점진적 교육은 주님이 바라보시는 자녀의 현재 상태에서 가장 적절하고 필요한 것을 공급하시는 인도를 받는 것이며, 있어야 할 것과 없어야 할 것에 대한 분별의 눈이 열리도록 기다리며 잠잠히 따라가는 것입니다.

점진적 교육은 자연스럽고 편안한 주의 사랑 안에서 정신적, 육체적, 사회적 성장이 일어나도록 인도하며, 개인차가 고려되는 자녀의 상태를 살피면서 조금씩 다가가는 접근입니다. 점진적 교육은 자녀의 마음에 기쁨과 즐거움을 안겨줍니다.

점진적 교육은 긴장 없이 편안한 마음으로 주님을 따라가는 관대한 마음과 즐거운 마음의 안정을 줍니다. 주의집중을 도와주어 여유를 가지게 하고, 흥미를 유발하여 의욕을 촉진시켜주므로 주님의 마음을 깨닫는 감사로 생활하는 지혜를 얻게 합니다.

저희가 기쁨과 즐거움으로 인도함을 받고 왕궁에 들어가리로다 [시 45:15]

점진적 교육의 기쁨과
재촉받는 교육의 슬픔

점진적 교육의 접근에서 자녀에게 나타나는 기쁨과 즐거움을 바라볼 때 다음과 같은 세 가지의 유익을 만나게 됩니다.

첫째, 그리스도의 사랑으로 자신의 현재 상태를 인정받고 있다는 마음의 위로를 통해 그다음의 새로운 것을 더 열심히 찾아보려는 마음의 힘을 얻습니다.

둘째, 새로운 것에 접근하면서 잘 못하는 경우에도 기다려준다는 믿음을 얻고, 혼자 해보려는 마음의 용기로 스스로 문제에 다가가는 새 힘을 얻습니다.

셋째, 혼자 해결할 수 없을 때에도 예수님 앞에 마음 문을 열고 도움을 요청할 수 있다는 기도의 체험으로 소망을 바라보고 다가갑니다.

성장기에 재촉을 받는 자녀는 하나님 사랑을 잃어버리고 믿음 생활을 하지 못하게 되어 적절한 도움을 필요로 합니다.

재촉받는 교육은 주님의 사랑을 깨닫지 못하고 부모를 원망하며 감사를 잃어버립니다. 긴장감이 도는 소극적인 마음에서 우울한 마음 등의 심리 불안이 제기될 수도 있고, 주의가 산만하여 성급한 마음을 가지기도 하며, 의욕이 상실되면서 부모에게 책임을 돌리고 원망을 쌓아가기도 합니다.

"모범생 마음속의 진실"

늘 독서하기를 좋아하고 자기 또래에 비해 유난히 아는 것이 많았으며 언어, 수학, 사회, 과학뿐 아니라 음악, 운동까지의 모든 면에서 뛰어난 재능을 가졌으므로 모두에게 폭넓게 설명하기를 좋아하는 지극히 모범적인 남학생이 있었다.

처음 만났을 때의 그는 진지하고 비교적 바른 어조로 또박또박 말하는 성격이었고, 모두가 힘들어하는 어려운 문제도 거뜬히 풀어내는 놀라운 학생이었다. 그런데 시간이 흐르면서 교사와의 친밀한 관계 속에서 털어놓는 고백 가운데, 깊은 내면에 숨겨진 마음은 그동안 표면으로 나타났던 담대한 모습과는 너무 달랐고, 의외일 만큼 소심하며, 자신이 너무나 많이 힘들게 살아가고 있음에 대한 불평을 호소하고 있었다.

"엄마는 제가 아주 많이 공부해도 더 많이 하라고 하시고, 공부를 아무리 잘해도 더 잘해야 한다고 말씀하세요. 저는 끝없이 공부만 하라고 재촉하시는 엄마의 말씀을 계속, 계속 들을 때가 정말, 정말 싫어요. 아주 괴롭고 힘들어요." 그러다가 동정을 구하듯이 교사에게 말한다. "아마 선생님이 교회에 가는 시간도 공부에 방해된다고 하시는 우리 엄마랑 살아보시면 저랑 아주 똑같은 말을 하실 거에요."

그래서였는지 힘든 것을 잘 소화해낼 수 있는 특별한 능력을 가진 학생으로 보였지만 하루의 학습량은 유난히 작았고, 숙제나 시험이라는 말이 나오면 아주 예민한 반응을 보이기도 했다. 엄마의 간섭으로 친구들처럼 많이 놀지 못하고 공부만 했던 시간에 대한 불만이 끝없이 쏟아져 나오면서 숙제, 시험, 공부라는 말 자체를 몹시 싫어하는 분위기였다.

처음에는 많이 놀라웠다. 어떤 때는 극히 어렵고 복잡한 문제를 쉽게 해내는가 하면, 때로는 별로 어렵지 않은 단순한 것도 아주 힘들어하는 듯 활동의 일관성이 없었기 때문이다. 무엇인가의 자극으로 힘든 마음이 밀려오면 자신이 얼마나 힘들고, 또 그렇기 때문에 얼마나 많이 쉬어야 하는지를 아주 심각하고 길게 설명하면서 울먹이다가, 끝내는 눈물을 흘리면서까지 교사의 마음에 호소를 구하는 시간을 보냈다.

그렇게 힘들어할 때면 탐구력이 높은 그의 특성과 분석력이 뛰어난 강점이 동원되도록, 사고력 수학활동으로 공감대 형성을 나누는 접점을 이루어갔다. 활동을 시작하면 바로 평화의 분위기가 돌고 힘들어하던 그의 마음은 어느새 즐거운 마음으로 바뀌어 아무 일 없었다는 듯, 금방 다시 부드럽고 행복한 얼굴로 힘을 얻고 기뻐하는 시간이 되었다. 점진적 교육과 재촉받는 교육이 가져오는 결과가 얼마나 놀라운 반대의 경우인지에 대해 잘 알 수 있는 보증이기도 했다. 인간의 강점을 찾는 것은 힘든 상황과 고통을 녹이는 놀라운 힘을 발휘하는 것이지만, 때로 타인의 요구에 지배를 받고 눌리면서 다가오는 마음의 부담은 잘할 수 있는 마음의 의욕을 상실시키는가 하면, 부정적인 마음으로 거부하게 만드는 안타까운 상황을 부를 수도 있음을 깊이 깨닫게 한다.

외아들로서 엄마가 원하시는 것을 모두 따라야 하는 부담스러운 자리에 있었던 그의 입장은, 엄마의 강요에 대한 수동적인 마음으로 힘들어도 해야 한다는 강박관념이 있었던 것이다. 외적으로는 무엇이든 잘해내는 자랑스러운 아들로 살아가고 있었지만, 내면에 숨어있는 마음의 진실은 자신도 남들처럼 신나게 놀면서 편안하고 느긋한 생활을 누렸으면… 하고 간절히 원했던 것이다. 그 갈등이 작은 일에도 쉽게 흥분하고 힘들어지게 하는 불안한 마음을 안겨 주고 있었다.

교실에서의 그는 할 일을 안 하려고 떼를 쓰는 동생이나 형을 만나면 크게 소리를 치면서 "왜 안 해? 빨리해!"라고 호통을 치는가 하면, 열심히 잘하는 아이들에게는 교사처럼 다가가서 한없이 친절하게 잘해주는 성격이었다. 열심히 안 하는 아이들을 볼 때 그의 마음은, 엄마에 대한 불만이 빨리하도록 재촉하는 엄마의 말처럼 쏟아져 나오는가 하면, 열심히 하는 아이에게는 자신의 힘든 마음을 위로하는 공감대를 형성하는 듯, 그들을 위로하고 격려하려는 진실한 마음이었다.

매일의 생활에서 그렇듯 상반된 반응으로 나타나는 불안정한 마음은, 또래에 비해 뛰어난 그의 강점이 충분히 발휘되도록 도와주지 못하고 있었고, 때로는 의욕을 멈추게 하기도 하여, 하루의 학습량이 아주 작을 수밖에 없었던 이유였다.

그런데 다행스러운 것은 엄마에 대한 불만이 원망과 좌절로 발전하기 전에 자신 스스로가 이겨내야겠다는 긍정적 동기에서 안간힘을 쓰고 있었다는 것이며, 바로 그때 자신의 마음을 몰라주고 몰아붙이는 엄마에 대한 답답한 마음을 함께 나누어 줄 대상이 필요했던 시점에 교사를 만나면서, 점진적 교육으로의 안정을 찾을 수 있는 기회가 주어졌다는 것이다.

부모의 강한 요구에 적응하는 자녀의 표면적 반응이 때로는 마음속 진실과 다르다는 것이 점진적 교육에서의 핵심이다.

서로 간의 신뢰에서 점진적인 내적 교제를 이루고 자녀의 강점이 충분히 개발되도록 심리적인 여유를 주어야 한다. 또한 강점을 통해 귀히 쓰임 받는 진로를 찾도록 자녀의 삶이 풍요로워지도록 함께 준비하는 화합의 힘은 정말 큰 열쇠이다.

점진적으로 다가가는 부모가 자녀의 행복을 지키는 지혜를 발휘한다. 자녀의 깊은 마음속 진실을 깨닫는 노력과 깊은 대화를 통해 접점을 찾는 지혜로 다가가야 할 때이다.

"점진적 교육"

* 점진적 교육의 중요성

- 현재의 모든 신앙 상태와 마음의 움직임이 고려되어야 한다.
- 가정환경과 학교생활, 교회 생활의 진행이 인정되어야 한다.
- 개별화 교육으로 자연스러운 성장시간이 보장되어야 한다.
- 연령과 동기가 수용되는 범위 내에서 강요받지 말아야 한다.
- 할 수 있는 것과 없는 것에 대한 자유함이 인정되어야 한다.

* 점진적 교육과 재촉받는 교육 비교

점진적인 교육	재촉받는 교육
잘 참는 인내로 포용하는 마음을 가진다	현실에 대한 불안한 마음이 찾아온다
늘 기쁜 마음으로 생활하면서 여유를 가진다	부정적인 생각으로 현실에 대해 걱정을 한다
사랑 안에서 모든 일을 통해 즐거움을 누린다	의지할 곳을 찾지 못해 외로워한다
기도하는 마음으로 모든 것에 대한 하나님 뜻을 찾기 위해 잠잠히 바라본다	해야 할 일들을 바라보면서 다가가지 못하고 여러가지 다른 생각을 한다
마음의 평안을 누리며 생활한다	빨리 해야 한다는 마음으로 초조해 한다
기도의 마음으로 하나님 뜻을 찾으려 깨어난다	다른 사람 때문에 잘못되어 간다는 실망을 한다
모든 일을 향해 가까이 다가선다	믿음으로 나아갈 힘을 얻지 못하고 소망을 찾지 못한다
기도하는 마음으로 할 수 있다는 소망을 가진다	아무 것도 할 수 없다는 실망감으로 소극적인 태도를 가진다

* 점진적 교육은 행복한 생활을 이루어가도록 도와준다.

〈교회학교 활동사례〉 **"점진적 교육의 성장"**

활동제목 : 점진적으로 성장하는 새로운 신앙생활		
첫 번째 활동 주제	신앙 상태 점검 하기	* 교회학교에 나올 때의 마음을 서로 주고받기 * 교회에서 만나는 사람들에 대한 느낌 표현하기 * 교회에 데려오고 싶은 새로운 친구가 있는지?
두 번째 활동 주제	가정 환경 살펴 보기	* 교회에 나오는 가족은 몇 명이며 누구인지? * 교회에 나오지 않는 가족이 있는지? 누구인지? * 교회와 가정에서의 마음이 같은지? 다른지?
세 번째 활동 주제	신앙 상태 알아 보기	* 하나님 말씀 시간이 마음에 어떻게 다가오나? * 하나님을 찬양하는 마음을 표현해 본다면? * 하나님께서 기도를 들어주신다는 확신이 있나?
네 번째 활동 주제	친구 알아 보기	* 교회에서 마음을 나누고 싶은 친구는 몇 명? * 마음에서 불편하게 여겨지는 친구가 있는지? * 마음으로 기도의 파트너를 찾는다면 얼마나?
다섯 번째 활동 주제	소원 알아 보기	* 미래에 교회에서 일하는 사명을 원하는지? * 미래에 하나님 앞에서 무슨 일을 하고 싶은지? * 하나님께서 물으시는 지금의 소원은 무엇인지?
여섯 번째 활동 주제	마음 의 평안 찾기	* 하나님이 곁에서 늘 함께 하심을 믿는 체험 * 힘든 마음 만져주시고 평안 주심을 믿는 체험 * 하나님께 기도할 때 마음의 평안 주심을 체험
일곱 번째 활동 주제	새로 운 마음 찾기	* 성경 말씀을 매일 읽고 외우는 생활을 한다. * 찬양으로 하나님께 나아가 영광을 돌린다. * 기도로 하나님과 교제하는 체험을 쌓아간다.

* **모든 진행에서 학생의 교회생활이 행복하도록 도와준다.**

5단계

사랑의 연합으로
하나 되는 교육

너희는 내게 배우고
받고 듣고 본 바를 행하라
그리하면
평강의 하나님이 너희와 함께 계시리라
[빌 4:9]

그리스도 중심
전인교육

사랑으로
하나 되는 마음

그리스도인은 하나이신 하나님을 아버지로 모시고 살아가는 자녀입니다. 그러므로 주님도 하나요, 믿음도 하나이며, 하나이신 십자가의 사랑 안에서 하나로 연합해야 합니다.

주도 하나이요 믿음도 하나이요 세례도 하나이요 [엡 4:5]

하지만 세상은 진정한 하나님의 사랑을 모른 채 세상의 것에 흔들리도록 자녀의 마음을 잡아끌고 있습니다. 결국 진정한 연합을 이룰 수 없는 문제가 너무나 심각한 세대입니다. 과연 온전한 질서는 어디에 있으며, 부모와 자녀 사이의 큰 장벽을 허무는 진정한 연합은 어떻게 가능할 수 있을까요?

형제가 연합하여 동거함이 어찌 그리 선하고 아름다운고 [시 133:1]

온전한 연합을 이루는 열쇠는 십자가에서 생명까지 내어주신 완전한 사랑 안에 있습니다. 그 사랑 안에서 온전한 연합을 이루기 위해서는 부모의 생각과 방법을 내려놓고 다가가는 결단을 드려야 합니다. 자녀와 서로 다른 입장에서의 생각과 마음이 하나 되는 연합이 너무나 어려운 일이기 때문입니다.

우리가 알거니와 하나님을 사랑하는 자 곧 그 뜻대로 부르심을 입은 자들에게는
모든 것이 합력하여 선을 이루느니라 [롬 8:28]

진정한 연합은 섬김

하나님은 연약한 자가 주의 도우심으로 진실한 삶을 이루기까지 오래 참고 끝까지 기다려주시는 긍휼하신 분입니다. 하나님의 그 크신 사랑을 본받는 자녀로 살아가도록 가르치고 배울 때, 부모와 함께 주의 온유하신 마음을 닮아가는 은혜를 입은 자로 회복됩니다. 소망의 힘을 얻는 선한 마음으로 주의 길을 따르는 부모와 자녀의 연합이 가장 소중합니다.

> 저희로 마음에 위안을 받고 사랑 안에서 연합하여 원만한 이해의 모든 부요에 이르러 하나님의 비밀인 그리스도를 깨닫게 하려 함이라 [골 2:2]

전인교육은 마음이 살아나는 가르침이 되어야 합니다. 그리스도 사랑 안에서 부모와 자녀의 마음은 능치 못함이 없는 예수의 권세로 새 힘을 얻고 함께 가는 길이기 때문입니다.

> 사랑을 입은 자녀같이 너희는 하나님을 본받는 자가 되고 [엡 5:1]

사랑의 질서는 언제나 하나님으로부터 내려오고, 교육의 모든 관계의 교제에서는 수평적 관계를 이룰 때 평화롭습니다.

그리스도 사랑 안에서의 전인교육은 부모 혹은 자녀보다 그리스도가 중심이 되는 교육입니다. 결과보다 과정이 중요시되는 생활로 모든 순간이 존중되는 유익한 교육입니다.

그리스도 중심
전인교육의 중요성

십자가의 보혈로 씻긴 예수의 자녀에게 일어나는 그리스도 중심 전인교육은 창조주 하나님의 주권을 믿음으로 따르며, 성경 말씀을 배우고 실천하는 기독교적인 은혜의 생활을 이루어가도록 힘써 훈련해야 합니다.

형제들아 무엇에든지 참되며 무엇에든지 경건하며 무엇에든지 옳으며 무엇에든지
정결하며 무엇에든지 사랑할 만하며
무엇에든지 칭찬할 만하며 무슨 덕이 있든지 무슨 기림이 있든지
이것들을 생각하라 [빌 4:8]

첫째, 그리스도인은 마음에 거짓이 없이 참되어야 합니다.

둘째, 항상 하나님을 향하고, 사람을 향해서도 동일한 마음으로 하나님의 의를 드높이며 경건하게 살아야 합니다.

셋째, 주님의 나라와 의를 구하면서 바르게 살아야 합니다.

넷째, 항상 순결하고 거룩한 생각으로 정결해야 합니다.

다섯째, 값없이 받은 사랑을 값없이 나누어 주는 진실한 은혜에 대한 감사의 마음과 주를 향한 소원이 있어야 합니다.

여섯째, 하나님의 선하신 뜻을 따라 의롭고 진실한 일을 많이 올려드림으로, 주님의 칭찬이 끊이지 않아야 합니다

일곱째, 덕스러운 일을 해서 은혜로운 모습을 지녀야 합니다

여덟째, 모든 것을 바라볼 때 주님의 마음으로 친절히 말하고, 주님이 보시기에 좋은 말을 듣고, 무슨 탁월함이 있든지, 무슨 칭찬이 있든지 하나님 앞에 드려지는 것을 생각합니다.

"엄마의 고민"

초등학교에 다니는 두 딸을 기르는 엄마인 저의 가장 큰 고민은 모든 면에서 매일 부딪치고 살아가는 두 딸의 심각한 문제를 해결해야 하는 것입니다. 성격이 너무 다르고 학교생활이나 공부에 관한 모든 것도 너무 상반되기 때문에, 어떤 상황에서도 두 딸의 싸움은 하루 종일 끊이지가 않습니다.

큰딸은 무엇이든 시원시원 잘하는 것처럼 보이지만, 사실은 뭐든지 대충대충 하는 바람에 늘 덜렁거리고 끈기가 없어서 동생으로부터 무척이나 잔소리를 많이 듣는 편이고, 작은딸은 성격이 차분하고 꼼꼼해서 모든 일을 잘 해내기 때문에, 동생에게 큰 아이가 질투의 마음으로 늘 싸움을 걸고 때리기도 하다가 결국 크게 부딪치기 때문에 항상 시끄럽습니다.

작은 아이는 언니를 볼 때마다 늘 잘못한다고 지적하고, 큰딸은 그걸 피하려고 하루 종일 동생을 괴롭히니까 둘 사이에는 전쟁이 계속되어 가는데, 서로 맞지 않는 두 아이를 키우는 일이 엄마에게 이렇게 힘들게 다가올 줄 몰랐습니다. 해결하려고 다가가려면 큰 아이의 문제가 부각되고, 그러면 작은 아이는 또 계속 나서고 결국 분쟁의 반복일 뿐입니다.

그래서 저의 고민은 엄마로서 어떻게 대처해야 하는지 잘 모르기 때문에 결국 딸들에게 매일 짜증만 내고 살아간다는 것입니다. 그러한 가정 속에서 가장의 마음도 편할 리가 없으니 부부싸움마저 끊이지 않는데, 가족 모두가 교회생활을 열심히 하지만 갈수록 더해가는 가족의 싸움이 어떻게든 해결되어야 하는 심각한 상황입니다. 기도에 매달려 살아가는 그리스도의 가정이 되어야 하지만 교육은 정말 힘이 듭니다.

여호와께서 백성을 사랑하시나니 모든 성도가 그 수중에 있으며
주의 발아래에 앉아서 주의 말씀을 받는도다 [신 33:3]

할렐루야!

주님께서 허락하신 그리스도 가정은 정말 소중한 가족 공동체이며, 부모에게 맡기신 자녀는 예수님을 통해서 아름답게 만드신 하나님의 작품입니다. 그러므로 서로 대할 때마다 소중한 가족을 허락하신 주님께 감사하는 마음으로 지혜를 구하고, 살아있는 그리스도 사랑의 교육으로 승리하도록 은혜의 생활을 해야 합니다.

상대적인 성향을 가진 두 자녀가 충돌하는 것은 자신의 시각으로 상대를 바라보고 자신의 기준에 맞추기를 요구하면서 일어나는 반복적인 부딪침이기도 하지만, 서로를 향해 가까이 가려는 관심과 호기심에서 시작되는 마음이 있다는 것을 알리면서 함께 마음을 열고 나눌 것을 부탁할 때입니다.

더욱이 언니가 동생으로부터 계속 지적을 받으면서 자존심을 지키기 위해 심리적 권위가 동원되고 때리는 문제가 있으므로, 가족 모두의

분위기를 그리스도 중심에서의 수평적 관계로 새롭게 변화하기 위한 동기유발을 찾을 때입니다.

먼저 가족의 소중한 관계를 깨닫도록 서로 교제하는 시간으로 가족회의를 마련합니다. 서로가 새로운 마음을 가지고 임하도록 돌아가면서 사회자와 기도순서를 정하고 소개합니다. 재미있는 순서도 준비하고 장기자랑도 하면서 가족 모두 한 사람씩 돌아가면서 자신의 마음을 알리는 발표시간을 가집니다. 발표를 통해 스스로의 생각과 가족의 생각이 어떻게 다른지를 알아보는 체험을 나누고, 진지한 평가시간을 통해 서로에게 하고 싶은 말을 주고받으면서 마음을 정리합니다.

일상생활에서의 부딪침은 서로의 마음에서 감사를 빼앗아 가고 가족의 사랑을 손상시키므로, 문제가 갈수록 커질 수 있다는 점을 깨닫고, 부딪치는 일을 해결하도록 서로 받아들이는 수용적 관계로 전환하도록 가족회의를 하는 것입니다.

가족회의로 진행함은 부모와 자녀 간의 수평적 관계가 형성되어 연합을 회복하는 가장 좋은 방법입니다. 함께 모여 서로의 마음을 털어놓으면서 말하고 듣는 나눔의 시간으로, 가족에 대한 체험을 깊이 가지는 소중한 기회이기 때문입니다.

가족회의를 통해 부모는 자녀가 어떤 마음의 소망을 품고 있는지, 어떤 근심이 있는지, 부모에게 원하는 것은 무엇인지… 등에 대해 알게 되는 기회이고, 자녀는 부모의 사랑이 자녀에게 어떻게 다가오는지를 깨닫고, 부모가 자녀에게 하고 싶은 말이 무엇인지를 들을 수 있는 소중한 시간입니다.

> 두세 사람이 내 이름으로 모인 곳에는 나도 그들 중에 있느니라 [마 18:20]

그리스도의 가정은 사랑 안에서 함께 기뻐하고 감사하며 주시는 은혜로 주님과 함께 살아가는 가족의 연합이어야 합니다.

하나님은 사랑의 눈으로 모두를 내려다보시며, 부모가 사랑으로 자녀를 용납하고, 자녀는 부모의 말씀에 순종하면서 서로 깊은 마음으로 연합하는 믿음의 관계이기를 원하십니다. 오직 사랑으로 승리하기를 기다리시며 보호하시는 분입니다.

> 모든 겸손과 온유로 하고 오래 참음으로 사랑 가운데서
> 서로 용납하고 [엡 4:2]

주님의 사랑 안에서 모든 문제를 회복하고 서로 돕는 믿음의 가족으로 새로운 관계를 맺을 때입니다. 어려운 일이 있을 때마다 가족회의에서 따뜻하게 나누는 은혜 나눔의 체험을 통해 서로 위로하고 감싸주면서 사랑을 회복합니다. 그리스도 마음의 교육으로 회복하는 사랑은 화평으로 인도하는 가장 큰 축복입니다.

6단계

사랑의 열매를
맺는 교육

저의 역사로 말미암아
사랑 안에서 가장 귀히 여기며
너희끼리 화목하라
[살전 5:13]

진정한 대화의 문 열기

진리 안에서
나누는 교제

진리는 세상에서 찾을 수 없는 소중한 선물이므로 그리스도 안에서의 부모와 자녀는 특별한 사랑을 나누는 관계입니다.

우리가 서로 사랑할지니
이는 너희가 처음부터 들은 소식이라 [요일 3:11]

예수 그리스도를 통해 용서받은 사랑의 기쁨을 서로 나누는 교제로 하나 될 때, 예수의 향기가 피어납니다. 생명을 아끼지 않고 내어주신 십자가의 소망을 따라 걸어가는 길입니다.

그 크신 하나님의 사랑을 나눌 때 가장 중요한 것은 대화입니다. 진정한 대화는 깊은 내면의 마음속에 숨어있어 꺼내지 못하는 진실을 나누도록 마음의 문을 두드리는 것입니다.

우리가 그의 죽으심을 본받아 연합한 자가 되었으면
또한 그의 부활을 본받아 연합한 자가 되리라 [롬 6:5]

믿음 안에서의 진정한 대화는 십자가의 주님을 바라보면서 사랑으로 연합하기 위해 서로에 대한 진심을 주고받는 의사소통이 되어야 합니다. 진실한 마음을 나누도록 서로의 눈과 귀를 활짝 열고 힘이 되어주는 다리를 만들어가는 것입니다.

진리 안에서
사는 길

　그리스도 가정에서의 부모와 자녀는 진리 안에서 함께 살아가는 소중한 관계를 이루도록 말씀 안에서 교제해야 합니다.

> 예수께서 가라사대 내가 곧 길이요 진리요 생명이니
> 나로 말미암지 않고는 아버지께로 올 자가 없느니라 [요 14:6]

　진리이신 예수 안에서 살아가는 부모와 자녀가 되도록 능력이신 하나님 말씀에 의지하여 주고받는 대화의 연합이 일어나야 하며, 서로 힘이 되는 관계로 마음을 나누고, 문제 앞에서도 함께 대화하는 연합으로 해결 받는 관계여야 합니다.

　진정한 대화의 문이 열리는 마음의 교류는 서로를 용납하는 넓은 시각에서의 접근으로, 숨어있는 비밀의 마음을 주고받는 것입니다. 내면의 이야기를 솔직하게 꺼내고 깊은 마음의 움직임을 마음껏 표현하면서 사랑의 힘으로 채우는 것입니다.

　진리 안에 살아가는 교육의 힘은 자녀가 하나님 사랑의 말씀을 통해서 예수 그리스도를 알아가도록 이끌어 주는 지혜의 능력입니다. 비록 연약한 몸이지만 생명의 영원함을 알고 참된 자유를 누리며 살아갈 수 있음을 깨닫고, 진리 안에서 행하는 자로 성장하도록 늘 말씀 안에서 실천하는 생활을 인도해 줍니다.

서로에게 힘이 되는
대화의 관계

일상생활에서 힘든 순간마다 모든 것을 털어놓고 함께 나눌 수 있는 상대가 있다면, 어려운 일이 다가와도 교제할 수 있는 기쁨으로 새로운 소망을 얻을 것입니다. 그 기쁨은 정말 소중하며 서로에게 힘이 되는 특별한 위로가 될 것입니다.

살아있는 전인교육의 문은 부모와 자녀가 그리스도 안에서 서로에게 힘이 되는 소중한 관계를 맺고 연합할 때 열립니다. 부모는 자녀를 위해, 자녀는 부모를 위해 서로 기도해주면서…
소중한 영적인 파트너로서 믿음의 참 친구가 되기도 합니다.

그런데 만일 성장기에 부모와 나누는 사랑의 대화가 결핍되면서 중단되면, 내면의 마음으로부터 사랑에 굶주리는 아픔이 일어나고 말을 하지 않게 되며, 조금씩 문제행동을 일으키다가 끝내는 비행청소년이 되기도 하는 안타까운 일이 발생합니다. 하나님은 자녀들의 모든 문제가 해결되는 사랑의 열쇠를 내려주셔서 부모의 두 손에 소중히 맡겨주셨습니다.

사랑을 입은 자녀같이 너희는 하나님을 본받는 자가 되고
그리스도께서 너희를 사랑하신 것같이
너희도 사랑 가운데서 행하라 그는 우리를 위하여 자신을 버리사 향기로운 제물과
생축으로 하나님께 드리셨느니라 [엡 5:1-2]

진실한 사랑으로 다가가는
열린 마음의 대화

* 사랑으로 다가가는 부모의 눈은 자녀의 행복을 불러옵니다.

첫째, 자녀의 마음을 늘 깊이 들여다보고 주의 깊게 들어주는 부모
　　가 되도록, 모든 일에 마음을 활짝 열고 다가갑니다.

둘째, 자녀가 하는 말을 자세히 잘 듣고 소중히 여기면서, 깊은 마
　　음으로 받아주고 포근히 감싸는 친근한 관계를 유지합니다.

셋째, 같은 마음의 깨달음으로 감동을 주고받도록 십자가 앞에서
　　동등한 마음으로 대화하고, 서로에게 신뢰를 주는 말로 격려
　　하면서, 될수록 듣는 마음을 깊이 열고 집중해 줍니다.

* 믿음으로 다가가는 부모의 귀는 자녀의 소망을 열어줍니다.

첫째, 자녀와의 대화는 일방적인 부모의 훈계가 아닌 은혜를 나누는
　　마음의 교제로, 연합을 체험하는 마음이어야 합니다.

둘째, 자녀의 마음을 자유롭게 표현하는 기회가 되도록 넓은 마음으
　　로 받아주고, 말씀을 통해 힘을 얻도록 선포해줍니다.

셋째, 주고받는 대화 가운데 그리스도의 사랑이 흐르도록 깊은 내면에서 십자가를 바라보는 마음의 중심으로 다가갑니다.

넷째, 점점 더 깊은 내면의 마음이 일어나는 말씀을 체험하도록 은혜의 기회를 열어주고, 믿음의 마음이 확장되어 모든 것을 이기는 힘을 얻도록 따뜻한 사랑과 권면으로 대화합니다.

"자유로운 시간을 주세요!"

"오늘도 동생들을 잘 돌봐줘! 엄마는 새벽마다 동생들을 저에게 맡기고 나가세요. 늘 잘 돌보라고 하시지만 동생들은 제 말을 하나도 안들어요. 서로 욕심만 부리고 고집 피우면서 부딪치거든요. 자기들끼리 계속 싸우다가 저한테 와서는 모두 다 화풀이 하구요. 매일매일 똑같아요. 저는 너무나 지쳐서 이제 동생들을 잘 돌볼 힘도 없고, 야단칠 생각도 안 날 정도로 힘든데, 엄마는 매일 동생들을 잘 보래요. 동생들은 왜 태어났을까요? 저는 엄마도 아닌데 동생들을 돌봐줘야 하니까 너무 피곤하고 힘들어서 공부를 할 수가 없어요."

"계속 시끄럽게 떠들고 귀찮게 구니까 동생들을 야단치다가 이렇게 무서운 언니가 되는 게 너무 싫다는 생각에 슬퍼져요. 오늘도 제 물건을 모두 가져가서 다 망가뜨렸어요, 정말 어디로 도망가서 동생들을 안 보고 싶어요. 동생 없는 친구들이 너무 부럽고, 저도 다른 친구들처럼 편안하게 놀면서 공부하면서 살고 싶어요. 어떻게 하면 제가 동생들에게서 해방되고 다른 친구들처럼 편안하게 생활하면서 살아갈 수 있을까요? 친구들과 신나게 놀기도 하고 공부도 하면서 뭐든지 마음대로 할 수 있는 자유로운 시간을 저에게 주세요!"

이제 막 중학생이 되어 사춘기에 접어든 소라의 애절한 호소였다.

아마 이렇듯 답답한 심정은 동생들을 가진 첫째들의 공통된 마음일 것이다. 결국 장녀로서 가정에서 감당해야 하는 특별한 사명을 이루도록 노력하는 소중한 입장이지만 안타까운 경우로 보인다.

"소라야! 소라는 집에 있는 가족 중에 누구와 제일 친하니?

"글쎄요, 친한 사람 아무도 없어요.

부모님은 거의 집에 안 계시고, 전 동생들 때문에 아무것도 못하니까 친하게 놀 사람은 아무도 없어요"

가족 간의 따뜻한 사랑의 대화가 전혀 없는 안타까운 상황이었다.

"소라야! 엄마와 아빠가 어떻게 결혼하셨는지 생각해 본 적 있니?"

"아니요, 그것보다 동생들을 왜 이렇게 많이 낳으셨을까 하는 생각만 해요"

"그랬구나!

부모님은 사랑으로 함께 사는 가정을 이루시려고 결혼을 하신 거야.

그리고 소라와 동생들은 부모님 사랑나무에 열매로 맺힌 정말 소중한 가족이란다."

"그럼 왜 매일 저만 힘들어야 해요?"

"그건 좀 안타깝지만 부모님이 소라를 믿으시기 때문이야.

사랑하는 자녀들을 행복하게 해 주시려고 밖에서 계속 일하시는데, 소라가 믿음직스러우니까 동생들을 맡기시는 거야.

부모님이 소라에게 말씀하시지 않지만 동생들 돌보느라 매일 힘든 소라에게 늘 미안하고 고마운 마음을 가지고 계셔"

"정말요? 선생님이 그걸 어떻게 아세요?"

"부모님의 그런 마음이 느껴져 오거든…."

"선생님! 그런 생각은 해본 적 없어요. 매일 싸우는 동생들이 싫었구요, 동생들 맡기는 부모님한테 짜증만 났었어요."

"물론 그럴 수밖에 없었을 거야.

그런데 동생들이 크면서 이제 소라한테 정말 감사할 거야."

"제가 동생들을 매일 야단치고 화도 많이 냈는데, 정말 이다음에 동생들이 크면 저를 좋아할까요?"

"그럼, 가족은 매일 부딪치고 또 사랑하면서 살아가는 거야."

"소라야! 그동안 동생들을 돌보면서 정말 힘들었지?

그런데 지금까지 소라가 수고했던 그 모든 시간을 함께 해 주신 분이 계셔. 그래서 소라는 혼자가 아니었어."

"정말요? 누가요? 어떻게요?"

"늘 소라 곁에서 하나님이 함께해 주셨거든. 소라의 마음에 늘 힘을 주셨기 때문에 지금까지 견뎌낸 거야. 그렇게 소라를 내려다보신 하나님은 소라에게 뭐라고 말씀하실까?"

"아마 하나님은 저에게 큰언니니까 힘들어도 참고 동생들을 잘 돌보아야 한다고 말씀하실 거에요."

안쓰럽게 보이는 소라에게서 나오는 힘없는 말에, 교사는 위로하시는 주님이 말씀하시는 듯한 감동을 느끼며 전해주었다.

"하나님이 소라에게 이렇게 말씀하시는 것 같아."
--- "소라야! 지금까지 동생들 돌보느라 너무 힘들었지?
말 안 듣는 동생들이 소라의 마음을 속상하게 했을 텐데…
지금까지 잘 참고 견디었구나. 정말 고맙다!" ---

순간 소라는 깜짝 놀라고 있었다.

"하나님이 동생들을 보내주신 분이니까 고맙다고 하시는 거야. 소라를 사랑하시는 하나님 마음이 느껴지니?"
"네, 선생님! 그런데 하나님이 동생들을 보내 주셨어요?"

"그럼! 부모님과 소라, 그리고 동생들까지 모두를 이 세상에 보내주신 분이 바로 하나님이셔."
"그러니까 이제 앞으로는 동생들이 힘들게 할 때마다 하나님께 도와 달라고 기도하자.
힘든 마음을 만져달라고 부탁하면 아마 소라의 마음을 느끼시고 소라가 이겨낼 수 있도록 큰 힘을 주실 거야."

소라의 얼굴이 조금씩 밝아지면서 마음이 풀리는 것 같았다.

"선생님! 하나님께 기도하면 동생들 때문에 힘든 마음이 정말 없어지나요?"

"그럼! 하나님 힘들어요! 도와주세요!"라고 기도하면 잘 들어주시는 분이야. 또 어렵고 힘든 사람을 더욱 사랑하시니까 소라의 마음을 다 아시고 정말 새로운 큰 힘을 주실 거야."

"선생님 말씀 들으니까 마음이 좀 편해졌어요,
이제 동생들한테 화 안 내고 잘 돌볼게요."

그렇게 착하고 예쁜 마음을 가진 소라의 어두웠던 마음에 밝은 빛을 보내주신 하나님께 감사드리며 소라의 회복에 감동을 얻었다.

형제들아 기뻐하라
온전케 되며 위로를 받으며 마음을 같이하며 평안할지어다
또 사랑과 평강의 하나님이 너희와 함께 계시리라 [고후 13:11]

7단계

사랑의 밀알 되어
행복을 찾는 교육

우리는 낮에 속하였으니
근신하여 믿음과 사랑의 흉배를 붙이고
구원의 소망의 투구를 쓰자
[살전 5:8]

예수의 제자 되어
승리하는 길

믿음, 소망, 사랑의 빛

아침마다 눈을 뜨고 활짝 펼쳐진 세상을 바라볼 때 세상의 모든 것이 우리의 복된 삶을 위해 예비 된 주님의 것이라는 확신으로 벅찬 감격이 솟아오르나요? 소망의 빛으로 내려오는 사랑의 은혜는 행복한 삶의 승리로 이끄시는 능력입니다.

성경적 전인교육은 주님의 뜻을 따라 세상의 모든 삶을 헤쳐나가는 뜻을 찾도록 믿음, 소망, 사랑의 빛을 따라갑니다.

☞ 믿음은 변하지 않는 담대한 힘으로 하나님 안에서 어떤 경우에도 주의 빛을 지키도록 보호하는 방패가 되어줍니다.

☞ 소망은 기쁨과 감사를 통해 행복한 생활을 이루도록 찾아가야 할 방향을 인도하고 준비할 힘을 얻도록 깨워줍니다.

☞ 사랑은 모든 허물을 덮고 용서하는 따뜻한 마음의 능력으로 다가와 세상에서의 빛과 어두움을 분별하게 해 줍니다.

사랑의 밀알이 되어 행복을 찾는 교육은 주의 자녀들이 그리스도 안에서 예수의 이름으로 힘을 얻고, 소망을 찾아가도록 말씀으로 양육합니다. 세상에 나아가 하나님 나라를 건설하는 일꾼으로 성장하면서 충성하는 예수 제자의 길을 가도록 이끌어 줍니다.

그리스도의 마음을 닮아가는 생활훈련

십자가의 길을 가는 제자로 성장하는 삶은 믿음 안에서 자신을 향한 하나님의 뜻과 계획을 바라보고 이루기까지, 말씀 안에서 찬양으로 영광 돌리며 기도로 단련하는 영적생활입니다.

1) 사랑의 눈으로 그리스도의 지혜를 찾는 생활 훈련

십자가 사랑의 눈은 모든 것을 통해 주님의 뜻을 찾는 지혜입니다. 모든 상황에서 가장 유익한 길을 가도록 힘을 주고 꼭 필요한 일에 소중히 쓰임 받도록 도와주는 지혜인 것입니다.

그리스도의 마음을 품는 것은 사랑의 마음으로 받아주고, 감싸주며, 끌어안고, 덮어주면서 주의 길을 따르는 것입니다.

- ☞ 오래 참고 기다리시는 그리스도의 마음을 본받는 인내를 배우고, 늘 실천하면서 서로 기다려주는 생활을 훈련합니다.
- ☞ 모든 것을 용납하시는 그리스도의 사랑으로 서로의 마음을 받아주고 화해하는 영적인 화평의 생활을 훈련합니다.
- ☞ 모든 죄를 용서하시고 새로운 삶을 주신 은혜에 감사하며, 보답하기 위해 봉사하고 헌신하는 생활을 훈련합니다.

무엇보다도 열심으로 서로 사랑할지니 사랑은 허다한 죄를 덮느니라

[벧전 4:8]

2) 소망의 눈으로 그리스도의 평안을 지키는 생활 훈련

☞ 하늘에서 내려오는 평안을 안고 기도하는 생활 훈련
   십자가를 향한 소망의 눈은 힘든 문제 앞에 있을 때에도 늘 함께 해 주시는 주님의 도우심을 바라보게 합니다. 하늘에서 내려오는 평안을 찾도록 기도하는 생활로 힘을 얻습니다.

☞ 하나님의 인도를 받고 감사로 영광을 돌리는 생활 훈련
   매 순간 우리 곁에 계시며 필요한 것을 가장 좋은 것으로 채워 주시는 확신에 대한 감사로 살아가는 생활을 훈련합니다.

범사에 감사하라 이는
그리스도 예수 안에서 너희를 향하신 하나님의 뜻이니라 [살전 5:18]

3) 믿음의 눈으로 그리스도 안에서 자유함을 찾는 생활 훈련

☞ 마음의 욕심을 버리고 하나님의 뜻을 따라가는 생활 훈련
   마음에서 원하는 것이 자신에게 유익한 것인지 해로운 욕심인지 분별하는 지혜를 얻도록 믿음의 눈이 밝아지는 마음을 훈련합니다.

☞ 마음을 비우고 주님의 자유함으로 성장하는 생활 훈련
   세상의 유혹과 시험을 물리치고 주의 뜻을 따르도록 말씀을 믿음으로 따르는 훈련과 함께 자유함을 누리는 생활을 체험합니다.

하나님의 나라는 먹는 것과 마시는 것이 아니요
오직 성령 안에서 의와 평강과 희락이라 [롬 14:17]

4) 순종의 눈으로 그리스도의 섬김을 찾는 생활 훈련

☞ 예수님의 순종을 닮아가는 생활 훈련
  십자가에서 오직 하나님의 뜻에 순종하신 예수님의 겸손을 닮아
  가도록 말씀을 배우고, 실천하는 순종의 생활을 훈련합니다.
☞ 제자를 향한 예수님의 섬김을 배우는 생활 훈련
  밀알이 되심으로 새 생명을 주신 은혜를 깨닫고, 나보다 남을 낮
  게 여기며 이웃을 섬기는 생활을 훈련합니다.

  사람이 교만하면 낮아지게 되겠고 마음이 겸손하면 영예를 얻으리라
  [잠 29:23]

5) 진리의 눈으로 그리스도의 빛을 찾는 생활 훈련

☞ 사랑을 전하는 그리스도인으로 성장하는 생활 훈련
  참된 그리스도인으로 성장하는 기쁨의 생활을 하도록 믿음의 인
  내로 견디면서 감사하는 생활을 훈련합니다.
☞ 기쁜 소식을 전하는 제자로 성장하는 생활 훈련
  하나님 사랑의 깊이를 깨닫고, 십자가를 향한 진리의 눈으로 모
  든 일을 바라보면서 예수의 고난을 체험하고, 기쁜 소식을 전하
  면서 아버지의 마음을 전하는 제자의 생활을 훈련합니다.

  너희가 내 안에 거하고 내 말이 너희 안에 거하면 무엇이든지 원하는 대로 구하라
  그리하면 이루리라 [요 15:7]

"고3의 간절한 기도!"

"고3입니다!"

대학입시를 앞두고 고민을 털어놓으려 하는데 저는 지금 너무 불안해요. 며칠 후면 응시한 대학들로부터 합격 발표가 나기 시작합니다. 근데 진짜 너무 불안하고 마음을 못 잡겠어요. 아무런 기도를 하지 못하고 인간적인 마음만 앞서고 있어서 무엇을 해야 할지 전혀 모르겠고 가슴만 두근두근 거려요. 저는 어릴 때부터 영어에 대해 큰 관심을 가져왔고 국제무대에서 주님을 위해 일하리라는 사명선언문도 가지고 있어요. 그래서 모두 국제학과, 정치외교학과 쪽으로 지원했어요. 그 길이 아니면 공부할 자신이 없거든요. 오로지 그 방향만이 저의 비전이고 소망인데 그렇게 진행되지 않을까 봐 너무 걱정이 되고 두려운 마음이 들어요. 주님께서 친구의 기도 가운데 확신도 주셨고 제가 무엇을 향해 나아가야 할지에 대해 응답을 주셨는데, 저는 아직도 대학에만 매달려서 욕심을 부리는 것 같아 속상하고 그런 자신을 보면서 답답하고 짜증이 나요. 더 괴로운 것은 대학에 못 들어갈까 봐 조바심하면서 제가 혼자 욕심부려놓고 주님이 주신 거라고 합리화하는 것 같아서 제일 죄스런 마음이 다가옵니다. 저는 어떡하면 좋을까요?

샬롬!

지금 자신에 대해 하나님 앞에 조명받고 있다고 느끼면서, 심각한 고민 가운데 십자가 앞에 털어놓을 수 있는 마음이 가장 큰 주님의 은혜입니다. 다만 자신의 생각을 내려놓고, 자신을 향한 주님 뜻을 바라보면서 지혜를 구해야 할 때입니다.

그 일을 위해 먼저 자신의 삶이 하나님의 도우심을 따라 인도받고 있다는 믿음의 확신으로 감사와 평안을 구하기 원합니다. 왜냐하면 하나님을 바라볼 땐 평안이 다가오지만 세상을 염려할 땐 조급한 마음의 불안이 몰려오기 때문입니다.

> "마음을 감찰하시는 이가 성령의 생각을 아시나니
> 이는 성령이 하나님의 뜻대로
> 성도를 위하여 간구하심이니라" [롬 8:27]

세상을 살아가는 목적이 하나님의 크신 사랑을 받고, 그 은혜로 하나님을 영화롭게 해 드리는 진정한 관계를 맺는 것이라고 믿는 마음이라면 정말 큰 축복을 입은 자입니다.

그 마음을 확신한다면 소중한 축복을 받은 자로서 지금의 모든 문제를 들고 십자가 앞에 나아가 감사하는 마음으로 기도를 시작할 때임을 깨닫고 실천할 수 있을 것입니다.

마음에 새기는 기도의 제목을 구할 때 우리는 앞길을 잘 알지 못하지만, 우리의 모든 순간의 삶을 들여다보시고 가장 좋은 길로 인도해 주시는 주님께서 아주 세밀한 것까지 헤아리시는 정말 좋으신 분이심을 믿는 믿음을 드리게 됩니다.

대학입학을 통해 역사하시는 주님의 인도를 따라가리라는 결단으로, 자신의 마음을 모두 다 내려놓고 다가오는 모든 일을 바라보면서 먼저 감사할 수 있기를 간구합니다.

> "주께서 너희 마음을 인도하여
> 하나님의 사랑과 그리스도의 인내에
> 들어가게 하시기를 원하노라" [살후 3:5]

눈앞에 있는 다급한 마음을 뒤로 하고 잠잠히 인내하는 마음을 간구할 때, 주님의 인도를 바라보고 담대히 따르도록 이끄시는 순종의 힘을 기다리며 체험할 수 있기 때문입니다.

그때가 바로 세상의 모든 일이 하나님의 주관하심 속에 있다고 믿는 하나님 시각을 붙잡을 때이며, 주님의 인도 따라 마음속에 일어나는 평안과 감사의 힘을 안고, 예수제자의 길로 달려가는 감동의 기쁨을 맞이하는 순간이 될 것입니다. 할렐루야!

며칠 후 다음과 같은 연락이 왔다.

"목사님! 제가 가장 원했던 대학에서 합격 통지가 왔어요.

상담해 주셔서 기도로 무장하고 대입을 준비할 수 있었습니다. 모든 영광을 하나님께 돌리고 이제부터는 절대로 주님을 놓치지 않도록 늘 기도하는 사람으로 마음에 주신 하나님 뜻을 다 이루어드리도록 열심히 공부하겠습니다.

아직도 많이 부족하지만 기도의 힘을 얻어 정말 기쁩니다. 감사드립니다!"

우리를 깨끗하게 하사
선한 일에
열심하는 친백성이 되게 하려 하심이니라 [딛 2:14]

모든 사람에게
구원을
주시는 하나님의 은혜가 나타나

우리를
양육하시되 경건치 않은 것과
이 세상
정욕을 다 버리고 근신함과 의로움과 경건함으로 이 세상에 살고

복스러운
소망과 우리의 크신 하나님
구주 예수
그리스도의 영광이 나타나심을 기다리게 하셨으니

그가
우리를 대신하여 자신을 주심은

모든
불법에서 우리를 구속하시고

우리를
깨끗하게 하사
선한 일에 열심하는 친백성이 되게 하려 하심이니라

[딛 2:11-14]

소개합니다

"만인을 그리스도의 제자로 삼으라"

Jesus Disciple Movement
예수제자운동을 소개합니다!

1977년 12월 3일
강원도 춘천에서 7명의 청년들이 모였습니다.

단체의 이름이나 조직은 없어도
주님을 향한 갈망과 말씀에 대한 열망만큼은
가득했습니다.

이들의 비전은 단순했습니다.
예수님께서 제자들에게 주신 지상명령,
그것이 곧 비전이었습니다.

"만인을 그리스도의 제자로 삼으라" -마 28:19-

"주님과 작은 무리의 모임"이라고 불리기를 원했던
이 무리들은 다른 도시로,
다양한 계층으로 퍼져가기 시작했고,

공식적인 이름이 필요하던 때에
예수제자운동(JESUS DISCIPLE MOVEMENT)으로
작은 모임의 이름을 정하게 됩니다.

체계적인 훈련과 교육의 필요성이 제기됨에 따라
아래의 과정들이 세워지게 됩니다.

1991년 한국제자훈련원
        Korea Disciple Training Institute 개설
1997년 디모데훈련학교
        Timothy Training School 개교
2001년 한국복음주의신학교
        Korea Evangelical Theological Seminary 개교

2009년 호주퍼스신학교Perth Bible College 협약
2010년 국제신학대학원대학교 협약

2002년 국제선교훈련원
        International Missionary Training Institute 개설
2012년 위그린국제학교
        Wigrin International School 개교

정착이 아니라 개척을,
무리가 아니라 제자를,
조직이 아니라 가족을,
성장이 아니라 부흥을

기대하며 사모했던 jdm은

2014년 기준,

국내 100여 개의 캠퍼스와 전 세계 30여 개국에서

복음전파,
제자훈련,
세계선교의
사명을

감당하고 있습니다.

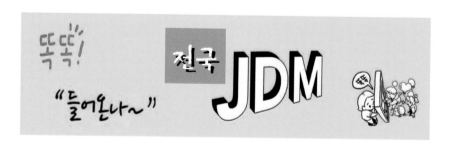

2014 유럽 비전트립 공주지구

2014 필리핀 비전트립 공주지구

찬양으로 영광을!

다 여호와의 이름을 찬양할지어다

그
이름이
홀로 높으시며

그
영광이
천지에 뛰어나심이로다

[시 148:13]

홀·리·크·로·스·찬·양·드·림

심령이 가난한 자

심령이 가난한 자 복이 있나니 천국이 저희 것임이요
애통하는 자는 복이 있나니
위로를 받을 것이요

온유한 자는 복이 있나니 땅을 기업으로 받겠네
의에 주리고 목마른 자는
저희 배부를 것이요

긍휼히 여기는 자 복이 있나니 긍휼이 여김 받을 것이요
마음이 청결한 자 복이 있나니
저희가 하나님을 볼 것이요

화평케 하는 자는 복이 있나니 하나님의 아들이라 일컫네
핍박을 받는 자는 복이 있나니
천국이 저희 것이라

기뻐하고 즐거워하라 하늘에서 상이 큼이라
믿음 소망 사랑 중에
제일은
사랑이라

[마 5:3-12에서]

심령이 가난한 자

두란노제자훈련원

홀리크로스찬양드림

주님 계신 평화의 나라

주님 다시 오실 때까지 무릎 꿇고 경배드리리
십자가 모진 고통 멸시와 천대
승리하신 우리의 주님

상한 마음 고치시는 위로의 성령
허물을 덮으시는 진실한 사랑
오늘도 채우시는 영의 목마름
약한 자를 도우시는 주

어둔 세상 비추는 진리의 성령
은혜의 성령이 오셨네
천국복음 전파하면 끝이 오리니
다시 오실 주님을 맞이하리라

구하라 그리하면 주실 것이요
찾으면 찾으리라 하셨네
문 두드리면 열릴 것이라 주님 계신 평화의 나라

복음 들고 달려가리라 만민에게 전파하리라
주님 다시 오실 때까지 영광의 길 찬양하리라

두 란 노 제 자 훈 련 원 : 제 자 훈 련 ★ 영 적 훈 련
두란노전인교육아카데미 : 다중지능진로개발전인교육
두 란 노 교 회 : 예 수 그 리 스 도 공 동 체

www.두란노제자훈련원.com

043-745-0191 / 745-3234

충북 영동군 매곡면 해평동 2길 12번지